JOURNAL

ET

IMPRESSIONS D'UN VOYAGE

DANS LES DÉPARTEMENTS

D'ALGER & D'ORAN,

A GIBRALTAR, A CADIX,

Et à travers la Péninsule Espagnole,

Pendant les mois de Septembre et d'Octobre 1858,

Par M. DUPUY,

Juge au Tribunal civil de Gap.

GAP,

IMPRIMERIE DE P. JOUGLARD, EN FACE DE LA PRÉFECTURE.

1859.

A ma famille !

A mes amis !

P. DUPUY.

AVANT-PROPOS.

〜〜〜〜〜

Plusieurs fois une de mes nièces, Mme E.... C....
et son mari M. L...., sous-intendant à Mascara
département d'Oran, m'avaient engagé à aller leur
faire une visite en Algérie.

Jusqu'à présent diverses circonstances, les devoirs
de mon état surtout, m'avaient empêché de me
rendre à leur invitation et d'exécuter un voyage dont
la pensée me souriait beaucoup ; car, j'ai toujours
aimé les voyages d'une manière toute particulière,
et, cependant, j'avais fort peu voyagé.

Cette année ma position n'étant pas la même et

me laissant toute liberté, j'ai pu accomplir le projet que je caressais. J'ai fait un long et beau voyage, et cédant, sans prétention aucune, aux sollicitations et aux encouragements de quelques amis qui désirent en connaître les détails et les impressions diverses que j'en ai rapportées, je vais essayer de raconter tout simplement, tout naturellement ce que j'ai vu, rien que ce que j'ai vu.

Je réclame d'avance l'indulgence des personnes qui ne craindront pas de parcourir les lignes qui vont suivre. Elles y rencontreront souvent des détails qui les intéresseront sans doute fort peu ; mais je crois devoir bien les prévenir que je ne voulais d'abord écrire ces souvenirs que pour ma famille et pour moi, et qu'en les livrant à l'impression, je ne fais, je le répète, que me rendre aux sollicitations réitérées de mes amis.

Cette précaution prise, je commence l'histoire de mes pérégrinations.

JOURNAL

ET

IMPRESSIONS DE VOYAGE.

———◦○○◗✦◖○○◦———

SEPTEMBRE 1858.

———

Jeudi 2.

Je suis parti à une heure après-midi de Gap, ville du tribunal de laquelle j'ai l'honneur d'être membre, pour aller m'embarquer à Marseille.

Vendredi 3.

Je suis arrivé à 6 heures du matin dans cette grande et belle ville que j'avais déjà visitée plusieurs fois. J'y ai rencontré et revu avec grand plaisir quelques personnes de ma connaissance, entr'autres M. E..., juge suppléant au tribunal, qui m'a fait le plaisir de dîner avec moi à l'hôtel des Deux-Pommes où j'étais logé.

Samedi 4.

À midi précis, je me suis embarqué à la JOLIETTE, sur le *Thabor*, bateau des messageries impériales; un quart d'heure après nous passions au pied du phare et nous sortions du port.

Le temps et la mer étaient magnifiques; le bateau marchait rapidement; aussi nous perdîmes bientôt de vue la ville, l'entrée du port, le Château-d'If et la côte. Personne des nombreux passagers qui couvraient le pont ne fut fatigué; tout le monde dîna de fort bon appétit et quand le moment fut venu de se retirer, chacun alla prendre gaiement possession de sa cabine en espérant un beau lendemain.

Dimanche 5.

Je me levai de grand matin et je montai sur le pont. Le ciel était toujours serein, mais la mer était moins belle. Le roulis était très-fort et je ne tardai pas à ressentir les premières atteintes du mal de mer. Les conséquences ordinaires de cette indisposition ne se firent pas attendre et pour en atténuer les effets, je fus obligé de m'envelopper dans mon manteau et de m'étendre sur le pont. Je me couchai à l'arrière du bâtiment, derrière le pilote, à côté d'un officier

supérieur du génie qui était aussi malade que moi.
Presque tous les passagers furent plus ou moins fati-
gués ; les dames surtout furent très-éprouvées, et ce
jour-là il n'y a pas eu dix personnes qui pussent
se mettre à table, soit à déjeûner, soit à dîner.

J'étais dans un état de prostration complet quand,
vers 10 heures du matin, le pilote signala MINORQUE.
Je fis un effort pour me lever et me rapprocher de
lui ; alors il me montra dans le lointain, sur notre
gauche, une montagne qui s'élève sur le rivage de
cette île. Je me recouchai ensuite et ne songeai à me
relever qu'environ une heure après quand nous
allions traverser le groupe des Baléares, entre MINOR-
QUE et MAYORQUE. Nous avons longé et cotoyé de
très-près la première de ces îles ; souvent nous passions à deux portées de fusil du rivage sur lequel je
distinguais parfaitement tout ce qui se passait. Nous
avons très-bien vu, à une legère distance de la côte,
une ville fortifiée qui m'a paru assez importante.
L'on voyait les remparts, les portes de la ville, les
maisons, leurs fenêtres ; mais personne, à bord, ne
sut dire quel est son nom.

Le reste de la journée s'est passé sans nouvel inci-
dent ; nous n'avons vu que le ciel et l'eau, mais le
tangage a continué à être très-fort et j'en ai beaucoup
souffert, à tel point que M. de R..., commandant du
bord, voyant l'état dans lequel je me trouvais, me
dit en passant près de moi : « Monsieur, vous êtes bien
« éprouvé par le roulis. Vous devriez changer de

« place ; je crois que vous souffririez moins en vous
« plaçant de ce côté-ci. » Je le remerciai de son bon
et officieux conseil en allant me placer vers le centre
du bâtiment et en effet je m'y trouvai beaucoup
mieux. Le soir vers neuf heures, après une nouvelle
crise assez forte, mais qui devait être la dernière,
je me décidai à quitter le pont pour aller me reposer
sur ma couchette, où le sommeil réparateur vint
bientôt m'apporter le calme et le repos.

Lundi 6.

A six heures du matin j'étais sur le pont; j'avais
bien dormi et je ne me ressentais plus du tout des
secousses de la veille.

La mer était d'un calme parfait, mais nous étions
enveloppés d'un brouillard épais qui ne laissait rien
apercevoir au-delà de l'horizon du bâtiment. Nous
approchions cependant d'Alger et tous les passagers
ne tardèrent pas à venir me rejoindre, impatients
comme je l'étais moi-même, de contempler de loin
les verts rivages de l'Afrique et la belle capitale de
notre colonie.

Le brouillard devenait moins intense; il se
dissipait insensiblement ; on commençait à apercevoir de temps en temps les formes vagues et indéci-
ses des côtes, de la ville, de la colline sur les flancs
de laquelle elle s'élève, des maisons de campagne
et des villages qui l'environnent.

Enfin, sous l'influence des rayons du beau soleil d'Afrique, le voile léger qui flottait encore dans l'atmosphère se dissipa tout-à-fait et nous permit enfin de jouir à notre aise du spectacle magnifique dont il nous avait privé jusque-là. Il était 7 heures et demie; nous fûmes alors frappés d'un des plus beaux coups-d'œil que l'on puisse voir. ALGER, vu de la mer, avec ses blanches maisons, présente l'aspect d'une ville toute neuve s'élevant en amphithéâtre sur la pente orientale et jusqu'au sommet d'une verte et fertile colline, d'où la Casbah, citadelle et ancien palais des Deys, couronne l'ensemble de ce vaste triangle. Au pied de la colline s'étendent en plaine la portion la plus longue de la ville et ses faubourgs sur une très-vaste étendue. Cette grande ville, vue au lever du soleil, se détachant par sa couleur d'un blanc éclatant sur la magnifique verdure qui l'encadre de toute part, produit un bel et curieux effet.

A huit heures nous entrions dans le port.

A huit heures et demie j'allais sauter à terre et mettre le pied sur le sol Africain, quand un jeune homme d'un extérieur distingué qui, placé sur la marche de l'escalier où j'allais descendre, avait l'air d'attendre quelque passager, me tendit la main en me disant : M. Dupuy! M. C...! lui répondis-je, en la lui donnant et en sautant à côté de lui.

C'était en effet le fils de M. C..., inspecteur de l'académie dans notre département, lequel avait eu la bonté de me recommander à lui en lui annonçant mon arrivée. Le jeune homme avait eu la prévenance de venir m'attendre sur le port, et il m'avait reconnu au signalement qui lui avait été donné de ma personne. Il fut pour moi d'une obligeance sans bornes dont je suis très-reconnaissant et se mit entièrement à ma disposition.

J'acceptai son offre et, guidé par lui, je fus prendre logement à l'hôtel de la Régence, où, deux heures plus tard, il me fit le plaisir de déjeûner avec moi.

Après une traversée de 44 heures, j'étais donc à ALGER, grande et curieuse ville, peuplée de 45,746 habitants, éloignée de 800 kilomètres de Marseille.

J'avoue qu'en montant du port à la place du Gouvernement et en arrivant sur cette belle place où est situé l'hôtel de la Régence, je ressentis une impression qui jusques-là m'était inconnue, à la vue du mouvement d'une nombreuse population composée d'éléments si disparates et si divers ; en voyant circuler côte à côte, dans l'ancienne capitale des Deys, devenue aujourd'hui une ville française, et confondus dans un va-et-vient continuel, des Français, des Espagnols, des Juifs, des Maures, des Arabes et des Noirs, agglomération bigarrée des différents costumes nationaux.

Après avoir pris possession de ma chambre et déjeûné avec M. C..., il eut la bonté de m'offrir de me servir de cicérone pour visiter la ville et j'acceptai avec reconnaissance sa proposition.

Nous commençâmes tout naturellement notre visite par la place du Gouvernement, car c'est sur celle

de ses façades qui regarde le sud-est qu'est situé
l'hôtel de la Régence.

La place du Gouvernement est fort belle. Trois de
ses côtés sont bordés de maisons à terrasses de nouvelle et élégante construction, offrant au rez-de-
chaussée de beaux magasins s'ouvrant sous de jolies
arcades et occupés par de brillants cafés, des bazars,
des libraires, des marchands de nouveautés, des
bureaux de diligences, des coiffeurs et autres branches de commerce qui font l'ornement de ceux de
nos grandes villes de la métropole. Le quatrième
côté est bordé sur toute sa longueur d'une balustrade
en pierre blanche, le long de laquelle se promènent
toujours de nombreux curieux pour jouir du magnifique spectacle qui se déroule sous leurs yeux. De
là, en effet, la vue descend sur le port d'abord, puis
sur la baie et enfin sur l'horizon sans bornes que l'on
domine à pic d'une hauteur considérable. A droite,
l'œil s'étend sur 12 kilomètres de côtes, et au-
delà du fleuve Harrach, jusqu'à la Maison carrée,
grande et ancienne caserne des Deys, devenue aujour-
d'hui une maison centrale où l'on enferme les condamnés indigènes. Sur la gauche, on découvre l'ancien
quartier de la Marine dont, depuis la conquête, les
bâtiments sont occupés par la marine impériale qui
les a appropriés aux besoins de ses divers services
et y a fait des constructions nouvelles.

Parallèlement à chaque façade, la place est plantée d'une allée de platanes, à l'ombre de laquelle
circulent toujours, et plus particulièrement aux

heures de la soirée, de nombreux passants et promeneurs de toutes les classes, de tous les sexes et
de nations différentes.

Vers le milieu, et à quelque distance de la balustrade dont j'ai parlé, à l'ouverture d'un angle qu'elle
forme, s'élève la statue équestre de feu le duc
d'Orléans. Cette statue, qui est en bronze et qui a
été coulée avec des canons pris à Alger, repose sur
un piédestal en marbre blanc, orné de bas-reliefs
également en bronze représentant des faits d'armes
où le prince s'est distingué à la tête de nos troupes.

Enfin, le centre de la place est décoré d'un candélabre à gaz surmonté d'une aigle. C'est là que chaque
soir, de nombreuses chaises sont disposées pour
faire reposer l'élégante société de la capitale Africaine, qui a l'habitude de venir se promener sur la
place pour respirer la fraîche brise de mer et jouir
des beaux morceaux que viennent y exécuter alternativement les musiques des divers régiments de la
garnison. Elles se groupent dans le centre, autour
du candélabre, et, jusqu'à dix heures, moment où
elles se retirent, toute la population Européenne et
Africaine confondue, encombre la place qui est admirablement éclairée, soit par le gaz de la ville, soit
par celui des cafés, des magasins et des arcades.

Pour compléter la description de la place du Gouvernement qui, est bien certainement la plus belle que
l'on puisse voir, il me reste à dire quelques mots
encore d'une de ses parties que, jusqu'à présent, je
n'ai pas même indiquée. Je veux parler de celle

qui se trouve comprise entre le prolongement de la
rue de la Marine et la façade de l'hôtel de la Régence.
C'est une jolie et fraîche promenade, la première que
j'aie vue en ce genre, entièrement plantée de magnifiques orangers, et éclairée toute la nuit par de
nombreux candélabres. Au milieu, s'élève un élégant
château-d'eau, autour duquel sont disposés des bancs
en fonte où les promeneurs et surtout les bonnes
d'enfant vont s'asseoir en grand nombre. Les places
n'y restent jamais vides et beaucoup d'individus qui,
sans doute, n'ont point d'autre abri que la voûte
étoilée, viennent s'y étendre pour y passer la nuit.
C'est sur ce charmant bosquet que s'ouvrent les fenêtres de la chambre que j'occupais, fenêtres que je
laissais ouvertes depuis les premières heures de la soirée jusqu'au jour, et où je venais souvent jouir du
magnifique spectacle d'une belle nuit d'Afrique.

De la place du Gouvernement, mon guide me
conduisit sur celle de l'Evêché ou du Palais où sont
situés ces deux édifices, ainsi que la cathédrale.
C'est cette dernière qui se présente d'abord à la vue
quand on débouche sur la place. Elle est bâtie sur
l'emplacement qu'occupait une ancienne mosquée,
mais n'est point encore achevée et il n'y en a qu'une
partie de livrée à l'exercice du culte. L'on y monte
par un perron de 23 marches et la façade, décorée
de colonnes, présente à chaque angle une tour assez
élégante.

A côté de la cathédrale, s'élève le palais du Gouverneur-Général qui lui est contigu et qui appartenait

1*

autrefois à Hassan-Pacha. Depuis la conquête, il y a
été ajouté des constructions en façade; on le dit fort
beau et fort splendidement meublé; mais je ne l'ai
pas visité intérieurement.

Vis-à-vis, en face de la cathédrale et du palais, se
trouve l'évêché qui est également une ancienne
habitation mauresque, dont je n'ai pas non plus
visité l'intérieur qui, dit-on, est aussi très-curieux;
quant à l'extérieur, il n'a rien de remarquable.

En quittant la place du Palais, nous entrâmes dans
la rue Bruce, où sont situés les bâtiments occupés
par la Cour impériale; puis, un peu plus loin,
l'Hôtel-de-Ville, édifices qui extérieurement n'ont
encore rien qui mérite de fixer l'attention.

Arrivés là, ne voulant pas abuser plus longtemps
de l'obligeance de mon complaisant et dévoué cicérone, je lui témoignai le désir de rentrer à l'hôtel et
nous nous séparâmes. Quelques moments après, je
retournai sur mes pas et je revins au Palais de Justice
que je voulais visiter intérieurement. C'est un ancien
édifice mauresque qui comme je viens de le dire,
n'a point d'apparence extérieure, mais dont l'intérieur
est très-curieux. Dans un étroit vestibule pavé en
carreaux de faïence peints et vernissés, je trouvai
un public assez nombreux et je remarquai des gendarmes. Je suivis ce public et ces gendarmes, et
bientôt, je me trouvai dans la salle d'audience de la
cour d'assises qui, dans ce moment-là, était en
séance, occupée à plusieurs voleurs. J'assistai quelque temps aux débats dirigés par M. le président I...,

et c'est la première fois que j'ai vu une cour d'assises juger sans l'assistance du jury. Les trois voleurs furent condamnés malgré les efforts de leurs trois avocats.

En sortant du Palais de Justice, je retournai sur la place du Gouvernement, et bientôt je fus arrivé devant l'hôtel d'Orient qui fait face à la mer. J'avais alors à ma droite la rue Bab-Azoun et à ma gauche la rue Bab-el-Oued, qui s'ouvrent à deux angles opposés de la place et qui, avec celles de la Marine, de Chartres, d'Isly et de Philippe, sont les plus belles de la ville.

J'entrai dans la rue Bab-Azoun qui est longue, belle et très-populeuse où il règne toujours beaucoup d'animation et un grand mouvement de voitures. Elle est bordée dans toute sa longueur d'élégantes arcades sous lesquelles s'ouvrent de riches et beaux magasins qui ne le cèdent en rien à ceux de Marseille et de Lyon, et sous lesquelles les promeneurs affluent jusqu'à dix heures du soir, pour jouir du coup d'œil qu'offre l'éclairage au gaz.

Je fus ensuite visiter la rue Bab-el-Oued à laquelle s'applique tout ce que je viens de dire de la rue Bab-Azoun.

La rue de la Marine est aussi assez belle. Le duc d'Orléans l'a dotée d'une grande mosquée que j'ai visitée; mais il n'y a que fort peu de commerce et, par suite, elle est peu fréquentée.

J'ai borné là mes pérégrinations de la journée, et le soir je fus me reposer, respirer la fraîcheur et jouir de la musique assis sur la place au milieu de l'élégante population Algérienne.

Mardi 7.

Je me suis levé de grand matin, et par un temps superbe je me suis acheminé vers Mustapha-Pacha, l'une des six annexes de la commune d'Alger, annexe tellement rapprochée de la ville qu'elle semble pour ainsi dire former un prolongement de la rue Bab-Azoun.

En traversant la place Bresson, je m'arrêtai devant le théâtre qui est sans contredit le plus beau monument de la ville. La façade présente un grand développement et l'on y monte par onze marches environnées de rampes et de candélabres en bronze. L'édifice est construit extérieurement de pierres de taille sculptées et peut contenir 1,200 spectateurs.

J'arrivai bientôt, en continuant ma promenade, sous les murs du fort Bab-Azoun qui sont longés par la route. Il est bâti sur la falaise au bord de la mer, et sert aujourd'hui de prison militaire.

Un quart d'heure après, j'étais à Mustapha-Pacha qui se divise en Mustapha supérieur et Mustapha inférieur. Mustapha inférieur est un joli village bâti au bord et le long de la route ; c'est là que se trouve l'immense et magnifique champ de manœuvre des troupes de la garnison qui s'étend le long de la plage et où 25,000 hommes peuvent manœuvrer.

Mustapha supérieur est une verte et charmante

colline couverte de gracieuses maisons de campagne
s'étageant entre elles en amphithéâtre. C'est là que
sont situées les villas des notabilités d'Alger et entre
autres celle du Gouverneur-Général. C'est là encore
que les dames religieuses du Sacré-Cœur possèdent
un enclos magnifique où elles ont fondé un pension-
nat de jeunes personnes, dans lequel sont élevées
les demoiselles appartenant aux premières familles
de l'Algérie.

C'est pour me rendre à ce beau couvent que j'étais
parti de la ville. J'avais apporté de France des
commissions que l'on m'avait prié de remettre à l'une
des dames de l'établissement et j'allais m'en acquitter.

Je fus accueilli en compatriote par Madame V...;
quoiqu'il y eut environ 25 ans que je n'avais pas eu
l'honneur de la voir, elle me reconnut immédiatement
et me parut heureuse de recevoir la visite d'un français qui venait lui donner des nouvelles de sa famille
et de son pays.

Je fus admis par elle à visiter la jolie chapelle de
l'établissement où la communauté était réunie à l'occasion d'une retraite; puis les salons où l'on reçoit
les nombreuses visites qui se présentent, soit pour
ces dames, soit pour les élèves. Enfin, Madame V...
eut la bonté de me faire parcourir, dans tous ses
détails, ce magnifique et vaste enclos où le coup-
d'œil le plus grandiose et le plus admirable vient
encore rehausser l'éclat de la plus riche, la plus
fertile végétation. Dans ces beaux jardins, d'où la

vue se perd dans un immense et splendide horizon,
j'ai admiré de superbes palmiers, bananiers, orangers, grenadiers et figuiers chargés des plus abondantes récoltes.

Après avoir tout visité, je me retirai en promettant
à Madame V... de revenir pour lui demander ses
commissions et prendre congé la veille de mon
départ.

A onze heures et demie j'étais de retour à Alger.

Dans l'après-midi, je fus m'acquitter des commissions dont j'étais également chargé pour un honorable compatriote, M. R..., censeur des études au
lycée.

Je fus reçu avec beaucoup de bienveillance et de
cordialité par M. et par Madame R... et M. le censeur
mit infiniment de complaisance à me faire visiter
l'établissement.

C'est un grand et vaste bâtiment composé de
plusieurs corps de logis séparés par des cours intérieures plantées de beaux arbres, bâtiment qui était
avant la conquête une caserne de Janissaires. Il
est situé dans la rue Bab-Azoun, vers la place
Bresson, et des fenêtres des salles, dont les murailles
sont recouvertes de carreaux de faïence vernissée
de couleurs variées, l'on jouit de la magnifique vue
de la rade.

En sortant du lycée, je fus avec M C... parcourir
les quartiers supérieurs que je ne connaissais pas et
qui conservent encore, dans toute leur pureté, les
curieux type et cachet Mauresques. Nous nous

engageâmes dans un immense dédale de rues étroites et rapides, courtes ou longues, mais toujours fort propres et assez bien pavées, bordées de maisons bien blanches, rues où la civilisation a fait cependant pénétrer les reverbères.

- C'est ainsi que nous arrivâmes dans la rue de la Casbah, située vers la partie supérieure de la ville et ainsi nommée parce qu'elle aboutit à la citadelle.

Cette voie de communication, qui autrefois se composait de 500 marches au moyen desquelles on montait de la rue Bab-el-Oued à la forteresse, est aujourd'hui une longue et jolie rue, dont à la vérité la déclivité est encore assez rapide, mais où, grâce au voisinage du fort et de sa nombreuse garnison, il règne beaucoup de mouvement et de commerce.

J'ai ensuite visité à l'extérieur la Casbah qui domine la ville, le port, la rade et la mer, où, depuis longues années, les Deys avaient transféré leur résidence. En la parcourant j'ai passé sous le célèbre balcon où notre consul, M. Deval, reçut, le 30 avril 1827, ce coup d'éventail, qui, trois ans plus tard, au mois de juillet 1830, coûta si cher à HUSSEIN-DEY.

Mercredi 8.

Je suis allé voir un de mes anciens camarades de l'école de droit, avec lequel j'étais très-lié à Grenoble et qui depuis longtemps s'est fait à Alger une position fort avantageuse comme homme d'affaires. Il était encore matin, j'espérais donc rencontrer mon ami V... chez lui, mais il était déjà sorti et je ne pus que remettre à son secrétaire ma carte et mon adresse.

Le temps était magnifique; je me rendis immédiatement sur la place Bresson où stationnent toujours de nombreux *omnibus* et je montai dans l'un d'eux pour aller visiter la pépinière du gouvernement que l'on nomme également le JARDIN D'ESSAI. Ce bel établisement, qui dépend du territoire de Mustapha-Inférieur et où les habitants d'Alger viennent se promener, est situé à six kilomètres de la ville. Je l'ai parcouru dans toutes ses parties et j'y ai pu admirer à loisir les différents et nombreux produits de l'industrie agricole favorisée par le beau ciel, le sol fertile et l'heureux climat de l'Afrique. J'y ai vu des palmiers plantés en allées, étalant au-dessus de ma tête de magnifiques régimes de dattes, des bananiers, des orangers, des grenadiers, des figuiers chargés de fruits. J'y ai vu aussi de belles fleurs qui m'étaient inconnues.

J'avais à peu près terminé ma visite quand, en me rapprochant des bâtiments, je fus agréablement surpris de voir à quatre pas de moi, dans une vaste cour dont je n'étais séparé que par un léger treillis, une famille d'autruches, composée du père, de la mère et de neuf petits presque aussi gros qu'eux. Ils vivent là à l'état d'animaux domestiques, paraissent tout à fait privés et se rapprochaient familièrement du grillage pendant tout le temps qu'a duré ma station auprès d'eux.

Bientôt je quittai les ombreuses allées de la pépinière, et, en attendant le passage d'un omnibus pour retourner à Alger, je fus me reposer au café Maure, situé vis-à-vis, sur le bord opposé de la route, à côté duquel se trouve une belle fontaine arabe. Le café et la fontaine sont protégés contre les ardeurs du soleil par de magnifiques platanes à l'ombre desquels viennent s'abriter aussi de jeunes filles Mauresques qui vendent des fruits aux promeneurs, et desquelles j'achetai de belles et bonnes figues.

L'omnibus que j'attendais ne tarda pas à arriver, j'y montai et j'étais de retour en ville avant midi. La première personne que je rencontrai en entrant dans la salle à manger de l'hôtel, ce fut mon ami qui, ayant trouvé ma carte en rentrant, était venu m'attendre pour m'engager à déjeûner avec lui. Il y avait quelque trente ans que nous nous étions perdus de vue ; nous nous revîmes avec beaucoup de plaisir ; nous échangeâmes bien des questions pendant le repas qui se prolongea à la satisfaction de l'un de l'autre, et il me conduisit ensuite chez un autre ami commun, M. S..., ancien avocat à Grenoble, que je n'eus pas la satisfaction de retrouver aussi bien portant que lui. Depuis plusieurs années déjà, il est cloué dans son lit par des douleurs qui le privent de l'usage de ses jambes, ce qui cependant ne l'empêcha pas de me témoigner tout le plaisir qu'il avait de me revoir.

Jeudi 9.

A cinq heures et demie du matin, et toujours par un temps superbe, je suis monté dans le coupé de la diligence de Médéah pour aller visiter Blidah d'abord, puis la première de ces villes.

En partant d'Alger, la route se développe en rampes assez douces sur les pentes de la colline où la ville est assise. Elle laisse à droite l'enceinte extérieure des fortifications, passe près de la porte et des murs de la Casbah d'où l'on voit à gauche le fort l'Empereur qui domine cette forteresse, et là elle débouche sur un immense et fertile plateau où l'on rencontre de jolis villages et de nombreuses maisons de campagne.

L'on traverse ensuite le SAHEL où la diligence relaie dans la jolie petite ville de DOUÉRAH, situé à 33 kilomètres d'ALGER, peuplée de 2,774 habitants français, espagnols et indigènes. La plus belle des rues est celle d'Alger, qui la traverse en ligne droite et dont les maisons sont ombragées par deux rangées de platanes. Puis, arrivé au versant opposé de la chaîne de montagnes dont le Sahel est un des derniers anneaux, le voyageur embrasse d'un coup d'œil jusqu'à Blidah, au pied du PETIT-ATLAS, l'immense plaine de la MITIDJA, dans laquelle la route descend et sur laquelle elle se dessine en ligne droite comme un long ruban blanc.

C'est vers le centre de cette plaine dont la longueur est de 100 kilomètres environ, sur une largeur moyenne de 22, que se trouve Boufarik.

Boufarik est une jolie ville peuplée de 3,000 habitants, européens et arabes, située à 35 kilomètres d'Alger. J'y ai vu une belle église toute neuve, entourée d'une plantation d'orangers et de jolis massifs d'arbustes et de fleurs.

A 7 kilomètres plus loin, l'on rencontre le village de Béni-Méred qui borde la route. C'est entre ce village et Boufarik qu'au mois d'avril 1842, un détachement de 22 braves Français fut attaqué et presque entièrement massacré en plein midi par 300 arabes, sans qu'on eut le temps de les secourir. La fontaine qui décore le centre de la place publique est surmontée d'une colonne élevée avec les fonds provenant de souscriptions volontaires et sur laquelle j'ai lu le nom des victimes de ce guet-apens.

A pareille distance de 7 kilomètres, au-delà de Béni-Méred, s'élève une ville assez importante.

C'est Blidah, ville de 7,000 habitants, située à 50 kilomètres d'Alger, au pied d'un mamelon du Petit-Atlas, du plus riche et du plus gracieux aspect. Elle est assise à l'extrémité de la Mitidja, au milieu de la campagne la plus magnifique et de la plus luxuriante fertilité. Les orangers, les grenadiers, les oliviers, les figuiers, les lauriers-roses, forment en tout temps, autour de ses murs, une verte et splendide ceinture que je ne pouvais me lasser d'admirer. Les environs, que j'ai un peu visités pendant un court séjour de quelques heures seulement, sont vraiment enchanteurs. Les poëtes arabes l'appellent La Rose. — La Corbeille de Fleurs.

Nous y sommes arrivés vers 10 heures et demie et la voiture s'y arrêtant pendant deux heures, j'ai mis à profit ce temps d'arrêt pour en visiter tout ce que j'ai pu.

Blidah se fait remarquer par quelques rues, entr'autres par celle d'Alger, où l'on rencontre de belles maisons françaises, parmi lesquelles l'hôtel de la Régence et celui où est établi le quartier-général de la division militaire. J'y ai remarqué également de très-belles places parmi lesquelles je dois particulièrement citer d'abord la place d'Armes qui forme un grand carré bordé de fort belles maisons à façades régulières et dont les magasins s'ouvrent comme à Alger, sous de jolies arcades. Parallèlement aux façades, règne tout le tour de la place une ombreuse allée de beaux platanes sous lesquels sont disposés des bancs et où circulent de nombreux promeneurs. Je mentionnerai ensuite la place Bab-el-Sebt où se tiennent les marchés des Européens, celle de l'Orangerie, couverte de magnifiques orangers qui entourent le grand théâtre, et enfin celle du Marché, où j'ai vu les Arabes et les Noirs apporter et étaler leurs fruits et leur jardinage.

Indépendamment de ces marchés quotidiens, ils sont encore dans l'usage de se réunir en fort grand nombre tous les vendredis, dans un ancien bois d'oliviers situé hors de la ville, où ils tiennent des foires de bestiaux de toute espèce et d'autres produits indigènes de toute nature.

L'église catholique, dont l'un des côtés prend jour sur la place d'Armes et qui est une ancienne mosquée, n'a rien de remarquable ; mais j'ai visité dans le voisinage une mosquée qui m'a paru assez belle.

L'heure du départ étant arrivée, nous nous remîmes en route à midi et demi environ et nous roulâmes rapidement vers Médéah.

A 12 kilomètres au sud-ouest de Blidah, l'on passe un pont jeté sur la CHIFFA, en aval duquel se trouve le confluent de l'OUED-KÉBIR et de cette rivière. Après avoir franchi le pont, la route de Médéah tourne à gauche, arrive à 4 ou 5 kilomètres de là, au pied nord du Petit-Atlas et s'engage dans les GORGES DE LA CHIFFA.

Cette magnifique vallée qui n'a pas moins de 16 kilomètres de longueur, présente au voyageur le coup-d'œil le plus curieux, le plus pittoresque, le plus varié et le plus gracieux. Sur tout son parcours, le lit de la rivière, qui en occupe tout le fond, est couvert d'innombrables touffes de lauriers-roses toujours chargés de fleurs. Les flancs des montagnes, sur lesquels la route serpente, sont tapissés de forêts dont j'ai admiré l'éternelle et fraîche verdure. Du milieu de cette verdure, et d'une hauteur de 300 pieds environ, jaillissent de superbes cascades dont quelques-unes traversent la route et dans les nappes desquelles j'ai plongé les mains à travers les portières du coupé de la diligence.

Vers le milieu du trajet des gorges, sur la rive droite d'un limpide et abondant ruisseau ombragé de beaux arbres et que l'on nomme le RUISSEAU-DES-SINGES, se trouve une guinguette rustique où l'on a établi un relai. Pendant que l'on changeait de chevaux et que les autres voyageurs décoiffaient quelques bouteilles de bière, j'utilisai mon temps en remontant les bords accidentés de ce frais et joli ruisseau qui doit son nom à cette circonstance que, matin et soir, le singes nombreux qui peuplent les forêts voisines viennent se désaltérer sur ses rives. L'on dit qu'il est très-divertissant de les voir gambader, s'accrocher aux branches et sauter légèrement d'un arbre à l'autre; quant à moi, je n'en ai pas aperçu un seul: on me dit que c'était trop tôt.

En revanche, j'ai vu de gracieux et ombreux pavillons échelonnés le long du courant, autour desquels de beaux canards de Barbarie se livraient à leurs aquatiques ébats.

Pendant que j'errais délicieusement sous ces beaux ombrages qui me rappelaient ceux de nos magnifiques forêts du Dauphiné, j'entendis la voix du conducteur qui me hélait après m'avoir inutilement cherché dans la guinguette et aux environs. J'accourus en toute hâte; je m'excusai de mon mieux de m'être fait attendre; je repris mon coin du coupé et la voiture roula.

A la sortie des gorges, la route ne tarde pas à

s'éloigner des bords de la Chiffa et le paysage change
d'aspect. Elle se développe alors en rampes nombreuses, longues, raides et arides, sur les pentes
sud-ouest du Nador, une des ramifications du Petit-
Atlas. Arrivée au pied du cordon de rochers qui
couronne la montagne, la route le suit pendant
quelque temps dans la direction du nord-est, traverse le petit col de Mouzaïa qui se présente sur la
droite et débouche ainsi sur un fertile et grâcieux
plateau, inclinant au sud-est, qu'elle traverse au
milieu de la plus belle culture. A cette élévation l'on
ne rencontre plus d'orangers ni d'oliviers, mais j'y
ai vu d'innombrables figuiers chargés de fruits magnifiques et excellents. J'y ai vu aussi des vignobles,
de beaux mûriers et de beaux poiriers. J'admirais
cette jolie campagne qui contrastait si fort avec les
pentes sèches et arides que nous venions de quitter,
quand, après avoir tourné un coude de la route,
j'aperçus tout-à-coup devant moi, la ville de Médéah
à un kilomètre environ de distance.

Il était 5 heures du soir quand nous arrivâmes
dans cette cité, située à 42 kilomètres de Blidah, à
90 d'Alger et peuplée de 7,200 habitants.

Quelques instants après, la diligence s'arrêtait
devant le bureau situé sur la place d'Armes et fut
bientôt entourée d'une foule assez compacte.

Pendant que mes deux voisins de gauche, qui
étaient un Français et un Arabe, se mettaient en
mesure de descendre, je promenais mes regards sur
les nombreux curieux groupés autour de la portière

contre laquelle j'étais assis, quand je crus entendre prononcer mon nom. Je ramenai mes yeux au-dessous de moi et quelle fut ma surprise en voyant trois mains qui, s'élevant en même temps du milieu de la foule, vinrent saisir la mienne, pendant que de trois bouches sortait en même temps le même cri de satisfaction bien flatteur pour moi, M. Dupuy !

Oui, mes amis, dis-je, c'est bien moi ; mais vous autres, comment vous trouvez-vous là ?

— Oh ! nous savions que vous étiez à Alger ; nous étions bien sûrs que vous viendriez nous voir, et tous les jours nous venions vous attendre.

Et ce disant, ils ouvrirent la portière, s'emparèrent de ma personne et de mes effets et me conduisirent, avec des démonstrations de joie dont je fus bien touché, à un café situé sur la même place, à côté de l'hôtel de la Subdivision. Sur le trottoir, abrité par une tente, se trouvait une table autour de laquelle nous primes place et qui fut bientôt couverte de raffraîchissements.

J'étais accueilli à Médéah par trois Dauphinois, MM. L..., J... et B..., de Gap. Tout en profitant de leur hospitalière politesse, je leur demandai comment ils avaient été informés de mon arrivée à Alger. L'un d'eux se leva, fut me chercher le dernier n° du journal l'*Akhbar*, sur lequel se trouvait la liste des passagers arrivés de France, le 6, par le *Thabor*, et sur cette liste je lus mon nom au milieu des autres.

Je leur témoignai toute ma reconnaissance de l'attention qu'ils avaient eue de venir pendant plusieurs jours m'attendre à la diligence, et leur exprimai en même temps combien j'étais heureux d'avoir ainsi retrouvé trois compatriotes à la fois, et de pouvoir leur serrer la main à 250 lieues des rivages de la France.

En quittant le café, ils voulurent encore m'accompagner jusqu'à l'hôtel *du Gastronome* où ils me conseillèrent de prendre logement. Quant à la table, il me fut impossible de ne pas accepter la cordiale hospitalité que m'offrit M. L..., avec lequel des relations toutes particulières m'avaient antérieurement mis en rapports journaliers. Il avait été pendant cinq ou six ans le précepteur de mes fils ; il avait ainsi, en quelque sorte, vécu dans l'intimité de ma famille, et pendant toute cette période, la chère épouse que j'ai perdue et moi, n'avions jamais eu qu'à le remercier et à nous féliciter de son zèle et de son dévouement pour nos enfants.

Après avoir pris possession de ma chambre, je l'accompagnai chez lui où j'étais attendu et où je fus très-gracieusement accueilli par Madame qui est aussi une compatriote, une Gapençaise.

Il est le seul fonctionnaire qui représente l'académie à Médéah, où il y est confortablement et grandement logé, dans une jolie maison toute neuve, située sur une place et appartenant à la ville qui l'a mise gratuitement à sa disposition. Il y reçoit de nombreux élèves de toutes les classes et de toutes les conditions, français et indigènes, et partage, avec deux collaborateurs qu'il s'est choisis, les soins d'instruire et d'élever toute cette jeunesse.

· L'heure du dîner arriva; nous nous mimes à table où j'étais placé entre la maîtresse et le maître de la maison; ils avaient à leurs côtés deux charmants petits garçons qui, l'année précédente étant venus en France avec leurs parents, avaient dîné chez moi et me reconnurent très-bien.

A peine étions nous assis, que mon hôte me témoigna, avec toute l'énergie la plus expansive, combien il était heureux de me voir.

— Vous êtes donc bien satisfait et bien content de me recevoir à votre table, lui dis-je alors.

— J'en suis tellement heureux, répondit-il, que je crois rêver et que j'ai peine à m'en rapporter à mes yeux. Certes j'aimais beaucoup mon père ! Eh bien ! si dans ce moment-ci il pouvait revenir de l'autre monde, ce ne serait pas pour moi un bonheur plus grand que celui que j'éprouve de vous avoir à ma table. Qui m'aurait dit cela quand j'étais assis à la vôtre ? Aussi ne vous gênez pas ! Vous êtes ici chez vous ! Je puis le faire !

Je fus bien vivement ému d'un si cordial et chaleureux épanchement dont je lui témoignai toute ma reconnaissance, ainsi qu'à Madame qui rivalisait avec lui de prévenances et d'attentions pour moi.

Nous étions au dessert, quand MM. J... et B... vinrent nous rejoindre; nous bûmes à ma bien-venue et nous achevâmes la soirée ensemble; après quoi ils m'accompagnèrent tous les trois à mon hôtel. J'avais besoin de repos.

Vendredi 10.

Je me suis levé de bonne heure. La matinée était
admirablement belle. Je me suis empressé de parcourir la ville et ses environs.

Médéah est situé dans une position qui passe pour
assez forte.. J'y ai vu de jolies places, savoir : la
place d'Armes qui est entourée d'une belle rangée
de platanes, la place Napoléon, la place Méred et
les trois places où se tiennent les marchés. J'y ai
compté aussi de belles rues dont quelques unes sont
toutes neuves. Ce sont celles de la Pépinière, de la
Smala, de la Casbah, de l'Esplanade, Hanefi, du
Gouvernement, de Mascara, Méred, des aqueducs,
etc., etc.

J'ai remarqué à l'une des portes (celle de Milianah),
un aqueduc fort élevé et à deux rangs d'arceaux
superposés qui fait corps avec les fortifications. Ces
portes sont au nombre de cinq : celles d'Alger, du
Nador, de Seraouï, des Jardins et de Milianah.

Sorti de la ville par cette dernière, je montai, en
suivant le pied des remparts, jusque sur un point
culminant d'où mes regards plongeaient à perte de
vue sur un immense bassin à l'extrémité duquel
j'apercevais le télégraphe de Milianah. Ce bassin,
formé par des montagnes assez élevées, est couvert
comme elles d'immenses prairies et de champs bien

cultivés. De là, je voyais aussi les jolis villages
français de LODI et de DAMIETTE, bâtis à mi-côte à
quelques kilomètres de Médéah, et qui font partie de
la commune. Je voyais enfin, par tous les chemins
qui convergent vers Médéah, arriver un grand nombre
de Maures montés sur des chevaux ou des mulets
et se rendant au marché considérable qui a lieu dans
cette ville tous les vendredis.

A mon retour, je trouvai de chaque côté de la
porte, accroupis à l'ombre, au pied des remparts,
beaucoup de ces fidèles enfants de Mahomet qui égré-
naient leur chapelet avant d'aller vaquer à leurs
affaires.

Je m'aperçus en rentrant en ville que, pendant
la promenade que je venais de faire, le vaste emplacement disposé en amphithéâtre qui s'étend entre les
maisons et le mur d'enceinte du nord, s'était couvert
d'une multitude de Maures qui y avaient amené,
pour le marché, un nombre considérable de chevaux,
de mulets, d'ânes et de moutons. Un agent de police
indigène que je questionnai à cet égard, me dit qu'il
en venait à chaque marché environ 4,000. C'était un
spectacle curieux et nouveau pour moi de voir cette
foule d'Africains, uniformément vêtus de burnous
blancs, coiffés de turbans de même couleur, circulant au milieu de ces nombreux bestiaux, et de faire
la différence de l'aspect de ce marché arabe avec
l'aspect de nos marchés français.

Je me glissai dans cette foule compacte et affairée;
je circulai d'un groupe à l'autre, mais je n'y ai pas

vu conclure de marchés et j'y ai rencontré peu d'Européens.

Comme je sortais de ce tourbillon vivant, par le côté opposé à celui par où j'y étais entré, je rencontrai près d'une porte de la ville, un arabe qui venait au marché. Il tenait un papier à la main et m'abordant sans façon :

— Roumi (de la religion de Rome), me dit-il, dis-moi ce qu'il y a sur ce papier :

Je le pris et y jetant les yeux,

—Ce papier, lui répondis-je, vient de chez le percepteur qui t'avertit d'aller lui payer 12 fr. que tu lui dois pour tes deux bœufs.

— J'irai, me dit-il. Je lui rendis son avertissement et bientôt il disparut dans la foule.

Quand je l'eus perdu de vue, je fus me promener à l'Esplanade, vaste place ombragée par un quinconce de platanes, sur laquelle est situé un établissement d'éducation pour les jeunes filles, dirigé par des sœurs. Pendant que j'étais arrêté pour en examiner l'extérieur, un autre arabe, suivi d'une jolie gazelle toute jeune, s'approcha de moi et me dit en assez bon français :

— Roumi, tu es voyageur ? — Oui.

— Tu ne voyages pas pour ton commerce, pour tes affaires ? — Non.

— Tu voyages pour ton plaisir ? — Oui.

— Tu es riche alors, achète ma gazelle !

— Je l'achèterais volontiers ; mais j'ai encore un

long voyage à faire sur mer et sur terre, pendant lequel elle m'embarrasserait.

— Non, elle ne t'embarrassera pas; tu peux la nourrir avec une poignée d'orge et de l'eau, c'est facile.

— Je te répète que j'en suis bien fâché, mais je ne puis pas l'acheter.

Il me quitta alors sur ce refus de ma part dont il parut assez contrarié. J'avoue que si j'avais dû revenir immédiatement en France, je me serais décidé à la prendre.

De l'Esplanade, je me rendis sur la place du Marché arabe qui était couverte d'indigènes et d'européens, et sur laquelle était exposée en vente une quantité considérable de volaille, de fruits, de légumes, de jardinage et de fleurs de toute espèce. Tous ces produits se vendent à bon compte, et un proverbe du pays a dit : « MÉDÉAH EST UNE VILLE D'ABONDANCE; SI LE MAL Y ENTRE LE MATIN, IL EN SORT LE SOIR. »

Je retournai ensuite chez M. L... qui vint me prendre à l'hôtel au moment où j'y rentrais.

— Nous nous levions de table, quand MM. B... et J... vinrent me proposer de m'accompagner dans mes autres excursions. Je les remerciai de leur attention et nous sortîmes de la ville par la porte des Jardins qui s'ouvre sur le bord et à quelques mètres seulement d'un étroit mais fertile vallon au fond duquel serpente un modeste cours d'eau qui y entretient la verdure et la fraîcheur.

Ces Messieurs m'ayant demandé de quel coté je

désirais diriger ma promenade, je leur répondis :
« Je pars demain matin et avant de me remettre en
« route, il me reste à remplir un triste devoir de pieux
« souvenir pour la mémoire de nótre compatriote
« le capitaine Combassive, mort glorieusement aux
« environs de cette ville, en combattant vaillamment
« à la tête de sa compagnie. Vous savez, vous qui
« habitez le pays, que l'on a élevé sur la place où il
» est tombé une redoute qui porte son nom ; veuillez,
« je vous prie, me la faire visiter. » La voilà ! me
dirent-ils en me montrant du doigt, de l'autre côté
du vallon, sur notre droite, une enceinte carrée en
maçonnerie, construite sur le point culminant d'un
mamelon, à deux portées de fusil des remparts....
nous allons vous y conduire.

Nous fumes bientôt arrivés sur le plateau opposé à
celui où la ville est assise. Nous suivions un chemin
ombragé par de beaux figuiers chargés de fruits,
quand, sur deux de ces arbres, je vis deux maures
qui mangeaient des figues et qui avaient l'air d'en
faire la cueillette. Pour acheter le droit d'en manger
aussi, je leur remis à chacun quelques pièces de
monnaie de billon dont ils me parurent très-satisfaits
et qu'ils mirent soigneusement dans la poche de
leurs burnous. J'avais donc tout lieu de me croire
parfaitement en règle quand je savourais ces beaux
et excellents fruits, lorsqu'après avoir empoché ma
monnaie, les rusés m'avouèrent qu'ils n'étaient pas
les propriétaires de ces arbres ; mais ils ajoutèrent
que cela ne faisait absolument rien et que je pouvais

continuer à faire comme eux. Malgré cette assurance de leur part, je crus devoir m'abstenir ; ces Messieurs et moi reprimes notre promenade, et quelques minutes après nous entrions dans la redoute Combassive. Nous la trouvâmes littéralement obstruée et encombrée de hautes herbes brûlées par le soleil, et après avoir payé un religieux tribut de souvenir et de regrets à notre brave compatriote, nous nous disposions à la parcourir en détail, quand mes cicérones m'engagèrent à sortir sans délai de son enceinte. Ils venaient, en effet, de me faire remarquer, grimpant le long des murs et des portes, plusieurs reptiles ressemblant beaucoup au lézard gris, dont la morsure est tellement vénimeuse qu'elle occasionne une enflure immédiate et presque toujours la mort. Nous sortîmes donc de la redoute, mais je ne pus me décider à m'en éloigner qu'après avoir étudié l'ensemble de la ville que j'avais sous les yeux et admiré le coup-d'œil magnifique dont on jouit de cette hauteur.

Il était midi quand nous rentrâmes à Médéah, ces Messieurs me quittèrent pour aller vaquer à leurs affaires et je fus rejoindre M. L... qui m'attendait pour me faire visiter une classe particulière qu'il avait au bureau arabe.

Il m'introduisit dans une salle longue située au rez-de-chaussée, où une dizaine de Maures, âgés de 30 à 40 ans, qui avaient une physionomie et une tournure distinguées, étaient assis des deux côtés d'une table de travail de même forme que la salle. C'étaient autant d'aghas des tribus voisines qui viennent tous les jours prendre des leçons de français, d'écriture et de calcul. Quand nous entrâmes, ils nous saluèrent sans se déranger de leur travail. Mais M. L... leur ayant dit pendant que j'examinais leurs cahiers : VOILA UN GRAND, UN CADI DE MON PAYS, tous se levèrent aussitôt et vinrent me saluer en me serrant la main, puis en portant la leur à la bouche. Je tâchai de leur témoigner de mon mieux tout le plaisir que j'éprouvais de les avoir visités ; je leur adressai quelques compliments sur leurs travaux, et nous nous retirâmes ; ce jour là ils n'eurent pas de classe.

En sortant du bureau arabe, nous nous rendîmes à l'église paroissiale qui, comme presque toutes celles de l'Algérie, est une ancienne mosquée et n'a rien de remarquable.

Nous visitâmes ensuite extérieurement le beau bâtiment de la caserne où l'on peut loger 1,500 hommes, puis le quartier de cavalerie où 200 chevaux trouvent place, et enfin le bâtiment où aboutit le télégraphe électrique qui met Médéah en communication avec Alger.

Deux visites me restaient à faire auxquelles je ne voulais pas manquer et dans lesquelles je priai M. L... de m'accompagner encore, c'étaient celles de Mesdames J... et B..., dont les maris avaient été si pleins d'attentions, si prévenants pour moi et voulaient absolument me donner à dîner le lendemain. J'avais apporté pour elles quelques commissions ; je voulais prendre les leurs pour leurs familles, je tenais donc beaucoup à les voir.

2 *

Après ces visites, la nuit étant venue, je rentrai à l'hôtel pour m'occuper de mes préparatifs de départ qui furent bientôt terminés.

Je fus ensuite prendre un dernier dîner chez Mme L... et lui faire mes adieux, en lui témoignant, ainsi qu'à son mari, toute ma reconnaissance pour l'accueil si empressé, si hospitalier, qu'ils avaient bien voulu me faire.

Samedi 11.

A 6 heures du matin, j'ai pris une place dans le coupé de la diligence pour retourner à Alger. M. L... était venu me prendre à l'hôtel et m'a accompagné à la voiture où j'ai pu lui serrer la main encore une fois.

En repassant à Blidah nous y avons fait, comme en venant, une station de deux heures dont j'ai profité pour visiter de nouveau cette ville où il me restait beaucoup de choses à voir.

J'y ai remarqué un nombre considérable d'abondantes fontaines et de bornes-fontaines, alimentées par l'Oued-Kébir qui prend sa source dans une gorge du Petit-Atlas, à 3 ou 4 kilomètres de la ville et dont les eaux y sont conduites par des canaux souterrains. Ces mêmes eaux alimentent aussi un beau lavoir public couvert et plusieurs abreuvoirs. Elles servent enfin à l'irrigation des jolis jardins qui entourent Blidah en si grand nombre.

Les bâtiments les plus remarquables que j'ai encore rencontrés ce jour là en circulant dans les rues et sur les places, sont les casernes, l'hôpital, qui est situé près la porte d'Alger, la sous-préfecture et la mairie.

Il était environ une heure et demie quand nous sommes repartis. En traversant Boufarik, je m'aperçus qu'il régnait dans cette ville un mouvement et une animation que je n'y avais pas remarqués trois jours auparavant. Les omnibus d'Alger commençaient à y amener des étrangers. Les amateurs répétaient à l'église une grand-messe en musique qu'ils devaient chanter le lendemain dimanche, jour de la fête patronale ; non loin de l'église, dans un joli verger situé sur le bord opposé de la route, l'on préparait la champêtre salle de bal où les jeunes filles d'Alger, de Blidah, de Béni-Méred et autres lieux, devaient venir rivaliser de grâce et de légéreté avec celles du pays.

J'aurais bien désiré pouvoir assister à cette fête africaine ; mais je n'en avais pas le temps, celà m'aurait fait perdre deux jours. Je continuai donc ma route pour Alger où je mis pied à terre sur la place du Gouvernement, vers les six heures du soir.

Dimanche 12.

J'ai entendu la messe à la cathédrale et mon ami me conduisit ensuite chez un compatriote, un Grenoblois comme moi, avec lequel j'étais lié d'affection depuis mon enfance. Je l'avais perdu de vue depuis plusieurs années. La dernière fois que je l'avais quitté à Grenoble, il était chef de bataillon; depuis lors j'ignorais complètement ce qu'il était devenu et je m'attendais certainement pas au plaisir de le retrouver à Alger, colonel de l'un des régiments de la garnison. Au moment où nous entrions chez lui, le colonel de L... était entouré de plusieurs officiers qui s'y trouvaient pour le rapport; il fut bien surpris de me voir; nous nous embrassâmes comme de vieux camarades, et il nous emmena V... et moi, déjeûner avec lui à l'hôtel de Paris, rue Bab-el-Oued.

Après le déjeûner et le café, qu'il nous offrit au bel et curieux établissement Valentin, rue Bab-Azoun, nous nous separâmes. Le colonel fut vaquer à ses affaires et notre ami commun et moi montâmes dans une voiture qui, par ses soins, nous attendait à la porte.

Elle partit et prit la route de Mustapha-Supérieur, que nous parcourumes en détail et où je vis de charmantes villas, entre autres celle du gouverneur-général. En quittant Mustapha, nous primes un chemin qui conduit vers la partie supérieure d'Alger et aboutit à la porte de la Casbah. Nous y entrâmes, traversâmes la forteresse et fûmes ressortir du côté nord de la ville par une porte nouvelle, à laquelle aboutit un chemin qui passe devant la prison civile et descend par une pente et des lacets bien ménagés

jusque sur la route qui conduit à la porte Bab-el-
Oued.

Arrivés sur cette route, nous tournâmes à gauche
et fûmes visiter SAINT-EUGÈNE, joli village situé au
bord de la mer, à 4 ou 5 kilomètres d'Alger. Il y
a une église en bois et c'est là qu'est placée,
sur un point élevé, une charmante maison de campagne où Mgr l'Evêque a établi son petit-séminaire
et fixé sa résidence d'été. C'était l'ancien consulat de
France.

Au retour, la voiture s'arrêta devant l'entrée du
Jardin MARENGO et nous descendimes pour parcourir
cette belle promenade qui domine la place Bab-el-
Oued, en avant de la porte de ce nom. Ce jardin,
disposé en terrasses, orné de kiosques, de bustes et
de colonnes, où des jets d'eau entretiennent la fraîcheur, où l'on rencontre à tous les pas des massifs
d'arbustes et de fleurs, où les musiques des divers
régiments se font entendre pendant qu'un public
nombreux circule sous ses sinueuses et ombreuses
allées; ce jardin, dis-je, est aux jours de dimanche
et de fête le rendez-vous de toutes les classes de la
population algérienne.

Pendant que je le parcourais, nous rencontrâmes
plusieurs officiers qui s'arrêtèrent devant nous pendant que l'un d'eux me demandait de mes nouvelles,
ce qui me surprit beaucoup. Monsieur, lui dis-je,
vous vous trompez sans doute; je n'ai pas l'honneur
de vous remettre. Oh! je ne me trompe pas, reprit-il,
c'est bien à M. Dupuy que j'ai l'honneur de parler;

j'ai eu le plaisir de vous voir plusieurs fois à Gap, chez Mme C... C'est bien moi, lui répondis-je, et je crois ne pas me tromper non plus, vous êtes M. B... C'était lui, en effet, qui avait tenu garnison dans notre ville et avec lequel j'échangeai quelques compliments et quelques paroles de bon souvenir, après lesquelles nous nous séparâmes.

Nous avions fait, mon ami et moi, une longue et belle promenade, l'heure du retour était venue, nous quittâmes le jardin et rentrâmes en ville par la place et la rue Bab-el-Oued. Nous avions ainsi fait le tour d'Alger, hors l'enceinte des fortifications.

Lundi 13.

Mes amis, le colonel de L..... et V..... m'ont fait le plaisir d'accepter de moi une invitation à l'hôtel de la Régence et au café Valentin. En sortant, ces Messieurs furent où les appelaient leurs affaires, et, de mon côté, je m'acheminai en me promenant vers le couvent de Mustapha-Supérieur pour prendre les commissions de Mme V... et lui faire mes adieux.

Elle m'attendait et avait préparé ce qu'elle voulait me confier pour sa famille. En conversant avec elle, elle m'apprit que la Mère supérieure de l'établissement était comme moi de Grenoble, et que, si cela pouvait m'être agréable, elle ferait avec plaisir la connaissance d'un compatriote. L'on n'aura certainement pas beaucoup de peine à pressentir qu'elle fut ma réponse. Mme V... me quitta quelques instants et reparut bientôt avec Mme la supérieure qui m'aborda avec une extrême bienveillance.

Nous parlâmes avec bien du plaisir de notre chère ville natale et de nos familles. Elle m'apprit qu'elle est la sœur de feu M⁰ S... l'avocat que j'ai beaucoup connu et qui était déjà l'un des anciens du barreau, à l'époque où je débutais moi-même comme avocat stagiaire devant la cour d'assises de l'Isère, dans une affaire de vol, où nous défendions l'un et l'autre un des trois accusés. Après avoir passé une demi-heure avec ces dames, je pris congé d'elles et je retournai à Alger en me promenant comme j'étais venu. En longeant la rue Bab-Azoun, je rencontrai d'autres Grenoblois que je n'avais pas encore vus, qui y sont établis dans des magasins bien pourvus et bien achalandés et auxquels je fis une visite avant de rentrer à l'hôtel.

Mardi 14.

Le colonel de L..... et moi avons été invités à déjeûner par notre ami commun qui, après la station d'usage au café Valentin, nous a proposé et nous avons accepté bien volontiers une promenade en voiture. Nous avons visité d'abord le joli village de HUSSEIN-DEY, peuplé d'environ 1,400 habitants, français, espagnols et arabes. Il est situé à 7 ou 8 kilomètres d'Alger, au milieu d'un fertile territoire presque tout consacré à des jardins potagers où j'ai vu de magnifiques légumes. On a établi à Hussein-Dey, dans les bâtiments d'une belle habitation qui appartenait au Dey, une manufacture de tabacs où l'administration occupe beaucoup de monde.

En poursuivant notre promenade, nous sommes arrivés jusqu'à la MAISON-CARRÉE qui est, ainsi que je l'ai dit, une ancienne et vaste caserne des Deys, située à 12 kilomètres d'Alger, sur un mamelon, au-delà du fleuve HARRACH que l'on traverse sur un pont de 40 mètres de longueur, sur 4 de large. Après l'avoir passé, on commence à gravir les pentes qui aboutissent à la porte principale de la prison. J'emplois ce mot, car la Maison-Carrée est devenue aujourd'hui une maison centrale pour les condamnés indigènes. M. le directeur mit beaucoup de complaisance à nous la faire visiter et nous montra, parmi les nombreux détenus, deux complices du capitaine Doineau. Il nous laissa aussi voir de près les travaux des condamnés que l'on occupe à fabriquer du crin végétal avec la feuille du palmier-nain.

Après avoir remercié M. le directeur de son obligeance, nous prîmes congé de lui et remontâmes en voiture pour retourner à Alger par le même chemin. Arrivés devant le lycée, je quittai mes compagnons de promenade et j'entrai dans cet établissement pour faire ma visite d'adiéu à M. et Mme R... et prendre leurs commissions.

En sortant de chez eux, je fus tout préparer pour mon départ et j'appris en rentrant à l'hôtel que, pendant mon absence, les bonnes dames du Sacré-Cœur avaient envoyé un de leurs domestiques avec une lettre et un cadeau de fruits à mon adresse, tout quoi était déposé dans ma chambre. J'y montai et je ne fus pas peu surpris d'y trouver en effet deux corbeilles contenant, l'une un magnifique régime de bananes, l'autre des figues, qui étaient les unes et les autres des produits de leur belle propriété. Elles avaient eu la bonté d'y joindre quelques ouvrages de piété qu'elles me priaient de remettre de leur part à deux de mes nièces aujourd'hui mariées, qui sont d'anciennes élèves de leur ordre. La lettre qui accompagnait ces envois dont je suis très-reconnaissant, est aussi pour moi un précieux souvenir du bienveillant accueil que j'ai reçu de ces dames, et je la conserve pour la relire toujours avec un nouveau plaisir.

La nuit approchait; je fis porter mes effets au port et après m'être rendu à une invitation de M. C... qui voulut absolument, après m'avoir reçu à mon arrivée à Alger, m'accompagner encore au départ, je m'embarquai à 8 heures du soir pour Mostaganem, à bord du *Grégeois*, vapeur des messageries impériales.

J'avais trouvé à l'embarcadère M. V..., de Gap, qui m'y attendait pour me faire ses adieux; quant à MM. de L... et V..., avec qui nous nous y étions

également donné rendez-vous pour le même objet,
en nous séparant devant la porte du lycée quelques
heures auparavant, il paraît que nous nous sommes
manqués et j'ai le regret d'être parti sans les embrasser et leur serrer la main.

Nous étions sortis de nuit du port d'Alger. Il était
nuit encore quand nous passâmes devant les rivages
de SIDI-FERRUCH, où notre glorieuse armée débarqua
le 14 juin 1830, et situés à 25 kilomètres de cette
ville. Je n'ai donc pas pu voir cette partie de la côte
sur laquelle s'élève une colonne commémorative.

Mercredi 15.

Vers les cinq heures du matin, nous arrivions
devant CHERCHELL, ville très-ancienne, fondée par
les Carthaginois, peuplée de plus de trois mille
habitants, français, espagnols, allemands et arabes,
située à 95 kilomètres à l'ouest d'Alger.

Le *Grégeois* a fait, pour le service des courriers,
une halte d'environ deux heures, à deux portées de
fusil de la ville dont, par conséquent, j'ai pu examiner à loisir l'aspect particulier et celui de la campagne qui l'environne.

CHERCHELL bâti en amphithéâtre, sur un côteau
vert et bien boisé présente de la mer le plus gracieux coup-d'œil. Il renferme aussi beaucoup d'arbres

dans son enceinte et ses environs m'ont paru favorisés d'une riche et belle végétation.

Le temps et la mer étaient vraiment superbes quand nous sommes repartis; assis à l'ombre sur le pont, je jouissais d'un plaisir bien grand en admirant cette belle mer qui ressemblait à de la moire, ce beau ciel si bleu, ce splendide soleil et ces vertes et gracieuses côtes d'Afrique que je touchais presque de la main.

J'étais encore sous le charme des plus agréables impressions quand, environ vers deux heures de l'après-midi, le bâteau s'arrêta devant une ville que nous avions déjà en vue depuis longtemps, et où nous avions entendu tonner le canon dès que le *Grégeois* y avait été signalé.

Cette ville, c'est TÉNEZ, située à 150 kilomètres d'Alger, à 17 lieues marines de Cherchell et peuplée d'environ 3,000 habitants.

Nous n'y avons point débarqué; mais, comme devant Cherchell, nous y avons fait une station de deux heures.

TÉNEZ, ville d'un aspect coquet et riant, est bâtie sur un plateau élevé de 50 mètres au-dessus du niveau de la mer qui en baigne la base et dont les pentes m'ont paru fort raides. Au pied de celles de l'est, s'étend la jolie petite vallée de l'OUED-ALLALA, d'où part une rampe qui est, dit-on, assez douce; c'est par cette voie que l'on monte à la ville.

Pendant que nous nous promenions sur le pont pour faire un peu diversion aux loisirs de la traversée, de nombreux marsouins qui vinrent prendre leurs ébats joyeux autour des flancs du bateau, fixèrent pour quelques instants, la curiosité désœuvrée des passagers. C'était un spectacle très-amusant de voir leurs évolutions si rapides et si variées, que l'œil pouvait très-bien suivre sous les flots, et pendant lesquelles ils s'élançaient de plusieurs pieds au-dessus de leur niveau.

En même temps, et dans les mêmes eaux que les marsouins, des multitudes innombrables de sardines faisaient miroiter au soleil la nacre de leurs écailles.

Quand les exigences du service le permirent, nous nous remîmes en route et nous arrivâmes à 4 heures du matin au mouillage de Mostaganem, pendant que la comète, dans tout son éclat, brillait à notre gauche.

Jeudi 16.

Après avoir débarqué sur la jetée, je fus, dans toute la rigueur du mot, assiégé d'une nuée de garçons d'hôtels et d'arabes qui se disputaient à qui transporterait mes effets à la ville, éloignée d'un kilomètre du point où j'avais mis pied à terre. Tous leurs débats me fatiguaient ; le temps étant magnifique, je me disposais, pour y mettre un terme, à m'envelopper de mon manteau et à me coucher sur

mes effets en attendant que le jour fut venu, quand
un jeune homme, porteur d'une lanterne, s'approchant de moi, me dit très-poliment :

— Monsieur est peut-être M. Dupuy ?

— Oui, mon ami, et vous qui êtes-vous ?

— Je suis le principal garçon de l'hôtel de France
où M. le chef d'escadron A... a retenu une chambre
pour vous. Voici, ajouta-t-il, en me montrant à côté
de lui un chasseur de bonne mine, voici son ordonnance qui, depuis trois jours, vient avec moi vous
attendre ici, et nous sommes l'un et l'autre à vos
ordres.

— Mes amis, c'est Dieu qui vous envoie pour me
tirer d'embarras et j'accepte vos bons services avec
grand plaisir; veuillez donc, je vous prie, me procurer les moyens de faire transporter mes bagages à
la ville.

L'un d'eux s'éloigna aussitôt et reparut quelques
instants après, suivi de deux arabes qui poussaient
un âne devant eux. Ma malle et mon sac de nuit
furent bientôt chargés sur l'échine du baudet et nous
prîmes alors le chemin de la ville qui se développe
en rampes assez raides sur les pentes orientales de
la colline où elle s'élève à plus de 30 mètres au-dessus
du niveau de la mer. Les bases sinueuses de cette
colline sont baignées par les eaux de l'OUED-SAFRA
qui va se jeter dans la mer au golfe d'ARZEW.

C'était 5 heures du matin et le point du jour quand
j'entrai dans MOSTAGANEM, ville peuplée de 4,251
européens et de 4,311 arabes, située à 80 kilomètres
d'Oran.

Je fus m'installer à l'hôtel de France, dans la chambre qui m'avait été préparée par les soins du commandant A... et je rendis la liberté à son ordonnance.

Quand le jour fut tout à fait venu, je descendis sur la place de la Halle où l'hôtel est situé et je commençai à parcourir la ville; mais à cette heure matinale presque tous les magasins étaient encore fermés.

A mon retour à l'hôtel, j'appris que, pendant mon absence, le commandant A... avait pris la peine de venir me faire une visite. Mon neveu, L..., le sous-intendant, qui était un de ses camarades de St-Cyr, et qui est toujours resté un de ses meilleurs amis, m'avait recommandé à lui en le prévenant de mon arrivée dont il n'avait pas pu cependant lui indiquer le jour; en même temps il lui adressait une lettre pour moi.

Cette lettre, M. A... me l'avait apportée et, ne m'ayant pas trouvé, il l'avait laissée entre les mains de l'hôtesse. Il avait en même temps chargé cette dame de me dire qu'il regrettait beaucoup que la présence du général inspecteur à Mostaganem ne lui permit pas de me consacrer tout le temps qu'il aurait désiré; mais qu'il espérait bien que je lui ferais le plaisir de déjeûner avec lui, et qu'ainsi il viendrait me prendre à 10 heures.

J'avais encore devant moi au moins trois heures dont je pouvais disposer et j'en profitai pour continuer à visiter la ville qui, y compris ses trois fau-

bourgs, est d'une assez grande étendue et où l'on
entre par cinq portes : celles de Matamore, de la
Marine, de Mascara, d'Arzew et des Medjers.

La place de la Halle, sur l'une des façades de
laquelle est, comme je l'ai déjà dit, situé l'hôtel de
France, est entourée d'une rangée d'arbres et de
jolies maisons régulières à arcades, sous lesquelles
s'ouvrent les magasins. Sur le côté opposé à l'hôtel,
et lui faisant face, s'élève l'église catholique de
construction moderne et d'un assez bon goût. Au
moment où j'y entrai, M. le curé disait la messe à
laquelle assistaient quelques Messieurs et quelques
Dames, et dont j'entendis la fin. Les autres places
sont celles du Sig et des Cigognes.

Les plus belles rues sont la rue Napoléon, toute
composée de maisons à arcades, la rue de Matamore,
celle de Tlemcen et celle du Faubourg.

Sur le flanc gauche du ravin qui traverse la ville
est plantée une jolie avenue qui en suit la pente et qu'on
appelle l'avenue du 1er de ligne. Elle aboutit à la
porte de Matamore, à quelques mètres de laquelle,
de l'autre coté du ravin, sur la rive droite de l'Oued-
Safra et au bord de la route, se trouve l'entrée
principale d'un jardin public qui s'étage en amphithéâtre et dont la vue s'étend sur les autres quartiers
de Mostaganem.

J'ai parcouru les nombreuses et vertes allées de ce
jardin et je me suis reposé avec plaisir sous ses
ombrages où des eaux bien distribuées, qui s'échap-
pent d'un grand réservoir qu'elles remplissent conti-

nuellement, entretiennent la fraîcheur. Un jardinier,
logé avec sa famille dans un joli pavillon, est préposé
à la garde et aux soins d'entretien de cette belle
promenade.

L'heure du rendez-vous que m'avait donnée le
commandant A... approchait; je dus donc songer à
rentrer à l'hôtel.

En arrivant je trouvai le couvert mis dans une
salle qui précède la chambre que j'occupais et un
instant après le commandant frappait à ma porte.

Entre un oncle et le camarade et ami de son
neveu, la connaissance devait être bientôt faite : il
en fut ainsi. M. A... est si bon, si prévenant, si bien
sous tous les rapports que, malgré la différence
d'âge qui existe entre nous, nous eûmes prompte-
ment sympathisé.

Quelques moments après arrivèrent ses commen-
saux au nombre de cinq ou six, dont deux lieutenants-
colonels et deux ou trois commandants ou majors,
auxquels il eut la bonté de me présenter.

Après le repas qui fut fort gai et pendant lequel ces
Messieurs furent pour moi pleins d'égards et de politesse, nous nous rendîmes au cercle dit des Officiers,
pour y prendre le café.

Cet établissement qui est situé hors de la ville, sur
la pente qui s'étend entre les remparts et le quartier
de la cavalerie, est un vaste et charmant local parfaitement ombragé par de beaux arbres, des bosquets
et des salles de verdure sous lesquels serpentent de
nombreuses allées où l'on rencontre dans de jolis

pavillons isolés, ici la bibliothèque et la salle de lecture; là, la salle de billard; ailleurs, de grandes volières renfermant de nombreux et jolis oiseaux. Je fis à ces Messieurs mon bien sincère compliment de leur gracieux ermitage.

Le moment de nous séparer arriva; nous rentrâmes en ville et je pris congé de ces Messieurs jusqu'à l'heure du dîner.

En les quittant, je fus au bureau de la place demander l'autorisation de faire une visite à M. B....-S..., interné politique, que sa famille m'avait prié de voir. Cette autorisation me fut accordée avec une extrême bienveillance par M. le commandant de la place, qui fut même assez bon pour me remettre un billet de sa main à l'adresse de M. le chef d'escadron de la gendarmerie, afin que la chose n'éprouvât pas la moindre difficulté et que l'on m'indiquât immédiatement le logement du compatriote que je cherchais.

Sur le vu de ce billet, M. le chef d'escadron donna l'ordre à un gendarme qui se trouvait dans son bureau, d'aller m'indiquer ce logement, qui, me dit-il, était situé hors de la ville.

Nous sortimes par la porte d'Arzew qui s'ouvre au bord du mamelon sur lequel la ville est assise et au-dessous duquel s'étend l'immense et fertile plateau à l'extrémité duquel est situé le joli village de MAZAGRAN, surnommé le diamant de la province.

A 30 ou 40 pas de la porte, le gendarme s'arrêta et me montrant dans la plaine, à un kilomètre de distance, sur la droite, des bâtiments assez impor-

tants, me dit : Voilà la pépinière publique; c'est là
que demeure M. B....-S....; suivez la route jusqu'au
bout du mur et de la rangée d'arbres que vous
apercevez là-bas ; arrivé là, vous trouverez un chemin à droite; c'est celui qui conduit à l'établissement. Je le remerciai de ses indications et je partis.

Arrivé à l'extrémité du mur et de la rangée d'acca-
cias, je trouvai bien le chemin dont m'avait parlé le
gendarme; mais ce chemin n'aboutissait pas aux
bâtiments; il aboutissait à des champs incultes où
j'étais arrêté à tous les pas par des haies fort élevées
et par des fossés larges et profonds, au-delà desquels
je voyais des ouvriers occupés à défricher et à effon-
drer les carrés de la future pépinière. Vainement je
les hélais et je leur faisais de signaux, ils me regar-
daient et cependant ne jugeaient pas à propos de se
déranger pour venir me tirer d'embarras. Il faisait
une chaleur tropicale, tout cela me contrariait beaucoup ; mais je m'en consolais par la pensée de la
surprise et de tout le plaisir que ma visite si inatten-
due allait procurer au pauvre interné dont je voyais
le toit d'exil à quelques centaines de pas de moi.

Enfin, je parvins à traverser ou à franchir tous les
obstacles; j'arrivai aux bâtiments, et j'entrai dans une
grande cour où je trouvai une jeune fille entourée de
deux ou trois enfants.

Mademoiselle, lui dis-je en la saluant, pourrais-je
voir M. B...-S...?

— Non Monsieur !

— Eh ! pourquoi?

— Il n'habite plus ici !

— Comment ! il n'habite plus ici ! et depuis quand ?

— Depuis huit jours.

— Et où pourrai-je le retrouver maintenant ?

— A Mostaganem, au quartier de Matamore. Adressez-vous au pharmacien qui vous indiquera son logement.

J'avais donc ainsi fait une course inutile. Il était une heure et demie après-midi ; je quittai mon interlocutrice ; et, pour combler ma mésaventure, je me perdis à travers champs où je faillis être dévoré par les nombreux et féroces chiens qui gardent les jardins, en voulant aller rejoindre la route de la ville. Je la remontai lentement, car j'enfonçais dans la poussière jusqu'à la cheville.

J'étais, dans toute la force du mot, ruisselant de sueur en arrivant à Mostaganem, et malgré tout le plaisir que j'aurais eu à voir M. B...-S..., je fus obligé de renoncer à l'aller chercher à Matamore. J'étais fatigué ; je venais de marcher pendant environ deux heures sous les ardeurs du soleil africain ; je ne m'étais pas couché depuis Alger ; je devais passer la nuit prochaine et la suivante en diligence ; je rentrai donc à l'hôtel pour y prendre un peu de repos et faire mes dispositions de départ.

Je fus ensuite au bureau du télégraphe électrique pour annoncer à mon neveu mon arrivée à Mostaganem, mon départ pour Oran dans la soirée de ce jour et mon arrivée chez lui, à Mascara, pour samedi matin.

Le commandant A... ne tarda pas à venir me rejoindre et, en son obligeante compagnie, je parcourus
une dernière fois la ville qui m'a paru fort agréable
à habiter et dont j'ai emporté un non moins agréable
souvenir.

MOSTAGANEM est, en effet, une jolie ville bien bâtie,
située dans une charmante position, d'où l'on jouit
d'une vue magnifique, et entourée d'une campagne
qui, dit-on, est la plus fertile de toute l'Algérie. Elle
est dotée d'une salle de spectacle, d'une société phi-
lharmonique et passe pour être la ville de nos posses-
sions africaines où l'on s'amuse le plus.

Elle est encore le siége d'une subdivision militaire,
d'un tribunal de première instance, d'une justice de
paix et la résidence d'un général.

L'heure du dîner arriva; nous rentrâmes à l'hôtel;
le repas fut aussi agréable, aussi gai que l'avait été
le déjeûner et je fus ensuite avec ces Messieurs attendre, dans un café voisin du bureau des diligences,
l'heure du départ de celle d'Oran.

A huit heures, l'ordonnance du commandant A...
qui avait veillé au transport et au chargement de
mes effets, vint m'avertir que l'on n'attendait plus
que moi pour partir. Je pris congé de ces Messieurs,
serrai affectueusement la main à l'ami de mon neveu
en le remerciant du cordial et excellent accueil qu'il
avait bien voulu me faire; je montai en voiture et
nous partîmes en prenant la route d'Arzew.

Vendredi 17.

Au point du jour nous roulions à travers une immense plaine découverte et en grande partie inculte, où nous rencontrions quelques villages bâtis au bord de la route et sur laquelle je voyais disséminées quelques fermes qui m'ont paru assez importantes et exploitées avec soin.

Pendant que j'examinais l'aspect du pays, je remarquai sur la gauche, au bord de la route, un assez nombreux troupeau de chameaux au repos, ce qui me fit supposer que nous approchions d'Oran.

Je ne me trompais pas. A 7 heures environ, nous entrions dans cette ville qui donne son nom au département.

ORAN est une ville d'un aspect fort curieux et fort irrégulier, bâtie sur deux plateaux, sur les flancs et dans le fonds d'un ravin aboutissant à la mer qui la partage et dans les profondeurs duquel s'écoule sous un tunnel l'OUED-ER-RHHI. Elle est peuplée de 21,450 habitants, français, espagnols, italiens, allemands, indigènes et située à 410 kilomètres d'Alger.

Après être descendu de voiture sur la place Kléber, je fus prendre logement à l'hôtel de l'*Univers* et je commençai immédiatement à visiter la ville en me dirigeant vers la place Napoléon où se trouve établie la direction de l'enregistrement et des domaines,

dont le premier commis, M. S...., est un gapençais.

Je remontai la rue Philippe qui y conduit; c'est une
longue et large rue, formée de deux parties superposées, bordée de belles maisons, de riches magasins
et de beaux arbres, qui m'a paru assez commerçante
dans tous les genres. Il y règne beaucoup de mouvement et une circulation très-active, mais elle présente
dans toute sa longueur une pente fort raide.

La place Napoléon, qui est très-vaste, s'étend sur
le plateau oriental. L'on m'y indiqua les bureaux de
la direction et M. S... en me voyant entrer dans le
sien, me reçut avec effusion comme un compatriote
qu'il attendait, car sa famille lui avait, me dit-il,
annoncé mon arrivée. Il eut l'extrême obligeance,
malgré ses nombreuses occupations, de m'offrir de
m'accompagner pour me guider dans mes excursions
de visiteur-touriste.

J'hésitais à accepter son offre dans la crainte de lui
occasionner la perte d'un temps précieux pour son
travail, mais il y mit une insistance si obligeante qu'il
n'y avait pas moyen pour moi de refuser et nous
partîmes. Nous visitâmes les principaux quartiers,
entre autres la place du Théâtre sur laquelle, chaque
jour, se tient le marché des légumes, du jardinage,
des fruits, des fleurs, etc., etc.

De la place du Théâtre, nous passâmes sur la
belle promenade de l'Etang qui se développe sur le
flanc oriental du ravin et le long de la côte, en longues et ombreuses allées superposées et plantées de

beaux arbres. Sous la principale de ces allées, les promeneurs rencontrent un joli café qui est en même temps un restaurant ; l'un et l'autre sont très fréquentés. Le coup-d'œil dont on jouit de la partie de cette allée qui est orientée au nord, est un des plus beaux que j'ai vu. On a sous les yeux la mer que l'on domine à pic d'une hauteur considérable, d'où le regard suit la côte à droite. Sur la gauche, l'on a tout le quartier de la Marine et le bassin de débarquement que l'on domine également; puis enfin, à 8 kilomètres de distance, toujours sur la gauche, l'on aperçoit le village de St-André; le village, le fort et le port de Mers-el-Kébir.

La promenade est elle-même dominée par le Château-Neuf qui est une agglomération de nombreux bâtiments mauresques, dans lesquels est établi le quartier général de la division militaire. De ce point culminant on domine également toute la campagne environnante.

Ne voulant pas abuser trop longtemps de la complaisance de M. S..., nous nous séparâmes après avoir encore parcouru quelques-uns des bas quartiers de la ville. Chemin faisant, nous avions rencontré, entre la rue Philippe et la place Kléber, un de nos compatriotes gapençais, pour lequel j'étais chargé d'une commission, et dont il me fit faire la connaissance. C'est M. F..., payeur et directeur de la poste dans cette ville. En nous quittant M. S.... eut la bonté de m'inviter à dîner pour le soir avant mon départ.

Bientôt après, je recommençai tout seul mes pérégrinations. Je parcourus la longue promenade ombragée
de platanes qui part de la place Kléber et aboutit à la
porte du Ravin, ainsi que la rue d'Orléans, le boule-
vard Oudinot et la nouvelle rue des Jardins qui me
ramena sur la place Napoléon où s'ouvre la porte de
ce nom; puis enfin les rues de Vienne, Napoléon,
d'Austerlitz et de Wagram. Sorti de la ville par la porte
St-André, j'y rentrai par la porte Napoléon, et de là
je retournai à l'hôtel en descendant le raide et long
escalier qui réunit entre elles les deux extrémités
de la rue Philippe.

M. S... ne tarda pas à venir me rejoindre, nous
nous rendîmes à son hôtel et après le dîner nous
revinmes sur la place Kléber, d'où je partis ensuite
à 8 heures du soir pour Mascara, en compagnie de
six arabes qui passèrent la plus grande partie de la
nuit à psalmodier des prières sur le ton le plus triste-
ment monotone.

En arrivant à la Sénia, joli village de 550 habitants, situé à 7 kilomètres d'Oran, je voulus bien
essayer d'échapper à ce désagrément en montant
sur l'impériale, mais le banc n'était pas couvert; la
nuit était très-fraîche et quand nous changeâmes de
chevaux à Saint-Denis-du-Sig, je fus obligé de
reprendre ma place d'intérieur et de subir cette
pieuse et désagréable harmonie tant qu'il plut à mes
dévots compagnons de voyage de m'en rendre vic-
time.

Samedi 18.

Au lever du soleil nous arrivions sur le petit col par où la route franchit la chaîne des collines qui dominent Mascara et sur les pentes méridionales desquelles la ville est assise.

Des hauteurs du col la route descend par une pente bien ménagée, traverse de beaux vignobles, passe dans le voisinage de jolies maisons de campagne et aboutit ainsi à la porte d'Oran.

A 6 heures et demie du matin, par un beau temps, la diligence franchissait cette porte, traversait dans toute sa longueur la belle place de l'Argoub, le joli pont sous lequel coule l'OUED-TOUDMAN, longeait la rue d'Orléans, arrivait sur la place Napoléon et allait s'arrêter devant le bureau qui y est situé.

MASCARA, où je venais d'entrer, est une ville peuplée de 7,360 habitants, français, espagnols, italiens et arabes, située à 96 kilomètres au sud-est d'Oran et à 71 de Mostaganem.

Il me tardait d'embrasser ma nièce, mon neveu et leurs jeunes enfants pour lesquels j'avais entrepris mon long voyage. J'eus bientôt mis pied à terre; pendant qu'on déchargeait les effets, je priai un agent de police qui se trouvait là, de m'indiquer le logement de M. le sous-intendant L...., et il m'y accompagna avec beaucoup de complaisance. Ce fut

3*

ma nièce qui vint m'ouvrir ; elle ne croyait pas que la diligence arrivât d'aussi bonne heure et se disposait à sortir, ainsi que son mari, pour aller m'attendre au bureau.

Ils me firent l'accueil le plus affectueux et le plus empressé ; les enfants parurent également très-contents de me voir et, de mon côté, je ne fus pas moins heureux de retrouver une partie de ma famille sur le sol africain, à 450 lieues du Dauphiné.

Dans l'après-midi, mon neveu et ma nièce me présentèrent à la subdivision, chez le général et Mme D.... qui les honorent de leur amitié et qui m'accueillirent l'un et l'autre avec la plus grande affabilité.

Dimanche 19.

Dans la journée, mon neveu m'a présenté aussi chez les principaux fonctionnaires de la ville : MM. le commissaire civil, le payeur, les colonels, lieutenants-colonels, majors et chefs d'escadrons des spahis et des tirailleurs, le juge de paix, l'employé supérieur de l'enregistrement, le commandant supérieur de SAIDA, etc., etc.

Le soir, nous avons dîné chez le général et Mme D... qui nous avaient invités avec le général inspecteur de G..., arrivé la veille par la même voiture que moi. Après le dîner il y a eu soirée et la réunion était nombreuse et choisie.

Lundi 10.

J'ai encore fait de nouvelles visites dans l'après-midi.

Tout en circulant ainsi dans Mascara, je remplissais un double objet; je visitais la ville en visitant ses habitants : je voyais de belles places, de jolies rues et un charmant jardin public.

Les belles places sont celle de l'Argoub, la place d'Armes et la place Napoléon.

Les jolies rues sont celles de Nemours, d'Orléans et Louis-Philippe.

Le jardin public, c'est celui que M. le commissaire civil L... a créé comme par enchantement, sur les pentes et dans le fond du ravin où coule l'Oued-Toudman. Ce ravin qui partage la ville et qui n'était auparavant qu'un foyer d'infection, offre aujourd'hui à l'élégante société de Mascara, de vertes et ombreuses allées garnies de bancs, le long desquelles murmurent des filets d'eau qui y entretiennent la fraîcheur.

Je voyais aussi de belles casernes d'infanterie et de cavalerie, ainsi que le grand et beau bâtiment que l'on nomme le pavillon des officiers, parce que c'est là que sont les logements de ces Messieurs, le tout de construction française. Dans ce moment-ci, l'on travaille encore à celle d'un bel hôpital militaire qui s'élève sur un point culminant de la nouvelle enceinte, où l'on jouit de l'air le plus sain et d'une vue magnifique.

Mardi 21.

Nous sommes allés, dans l'après-midi, nous promener en voiture au joli village de St-André, situé à 1,800 mètres au midi de Mascara et fondé en 1847. Il est habité par environ 300 colons; entouré de jardins et d'un territoire fertile, il sert de but de promenade aux artisans et ouvriers de la ville qui vont y passer les après-midi des fêtes et dimanches en parties de plaisir.

En quittant Saint-André, nous fûmes visiter la pépinière qui est située dans la plaine d'Eghrris, à 2 kilomètres de distance, en-dessous de la ville. Elle m'a paru très-bien fournie en sujets et très-bien entretenue. Le régisseur offrit à ma nièce des fruits et des fleurs; nous primes ensuite le chemin du retour.

Mercredi 22.

Ma nièce, mon neveu et moi, nous sommes montés à cheval de bonne heure pour aller nous promener au télégraphe qui couronne la colline au-dessus de la ville. En descendant de ce point

culminant d'où l'on jouit d'une vue fort étendue c:
d'aspects très-variés ; nous nous dirigeâmes à traver:
champs, vers le village de SAINT-HIPPOLYTE, situé
sur un petit plateau à 3,300 mètres au nord de
Mascara, fondé en 1847 et habité par quatorze familles. Il touche la route qui conduit à Mostaganem
et par laquelle nous revinmes à la ville en passant
devant l'établissement horticole de M. Vaissiot.

Ce fertile et superbe jardin que, le lendemain, j'ai
visité en détail et où j'ai vu tous les plus beaux et
les meilleurs fruits de l'Europe, ainsi que des fleurs
magnifiques, en fournit aux premières maisons de
la ville.

Vendredi 24.

Dans l'après-midi, je suis allé, en compagnie de
mon neveu et de ma nièce, visiter le faubourg de
BAB-ALI, situé de l'autre côté du ravin, sur la rive
droite de l'OUED-TOUDMAN, à 150 pas de distance environ des deux portes de la ville qui y ouvrent accès.

Ce faubourg qui contient une population arabe
s'élevant, dit-on, à 4,000 âmes, ne présente guère
à l'œil que l'aspect sombre et misérable d'une nombreuse et incohérente agglomération de pauvres
gourbis enfumés et délabrés. C'est ainsi que, quelques mètres seulement, formant la largeur d'un
étroit ravin, séparent encore le misérable mais fier

et orgueilleux dénûment de la barbarie vaincue et expirante, d'avec les richesses, les arts, le luxe et toutes les merveilleuses ressources de la civilisation victorieuse.

Pendant que nous circulions à travers le curieux dédale de ces tristes réduits, abritant tant d'êtres humains qui y vivent confondus pêle-mêle avec leurs animaux domestiques, de joyeux cris attirèrent notre attention et vinrent suspendre le cours des réflexions que nous échangions à la vue du tableau que nous avions sous les yeux.

Nous nous retournâmes; nous vîmes une foule nombreuse de joyeux enfants arabes s'avançant lentement le long d'une rue en construction et au milieu desquels marchaient des indigènes d'un certain âge.

Quand ils virent que nous nous dirigions de leur côté, ils redoublèrent leurs joyeuses manifestations et crièrent: SBAH! SBAH! SBAH! SBAH! en se frappant les mains. Nous nous approchâmes du groupe et vîmes dans le milieu, conduit la corde au cou par deux arabes, un malheureux lion auquel ils avaient crevé les yeux et coupé les griffes. Ils allaient ainsi de porte en porte pour le montrer et recueillir quelques poignées de grains ou quelques menues pièces de monnaie. Après leur avoir remis notre offrande et jeté un dernier regard de pitié sur ce pauvre roi déchu et déshonoré des déserts africains, nous reprîmes le chemin de Mascara.

Samedi 25.

Mon neveu et ma nièce ont, à l'occasion de mon séjour chez eux, donné un dîner auquel ils avaient invité le général et Mme D..., ainsi que quelques autres notabilités. Le dîner a été suivi d'une soirée où la réunion était nombreuse, et où, comme chez le général, j'ai vu l'élite de la société.

Dimanche 26.

Ainsi que la chose avait été organisée quelques jours auparavant dans une soirée que nous passions chez Mme D..., la portion de la société qui est dans l'usage de se réunir et de se voir dans des rapports plus habituels et plus affectueux est partie à 7 heures du matin, au nombre de trente personnes, pour aller déjeûner en pique-nique à Kacherou.

KACHEROU est une charmante oasis située à 20 kilomètres de Mascara, au milieu de rochers arides et au fond d'un ravin dépendant des collines qui bornent au sud-est la vaste plaine d'EGHRRIS, laquelle a de 25 à 30 lieues de longueur, sur une moyenne de 5 de largeur.

C'est à Kacherou que se trouve le tombeau vénéré du marabout SI-MAHI-ED-DIN, père d'ABD-EL-KADER.

C'est là qu'Abd-el-Kader a été nourri et qu'il vivait chez son oncle qui était propriétaire de l'oasis. C'est là qu'était fixé le quartier général de l'émir, à l'époque de ses luttes contre les français. C'est là enfin, qu'a été préparée sa soumission. L'attrait d'un souvenir historique, indépendamment de celui d'une agréable et joyeuse partie de campagne, s'attachait donc pour moi à cette promenade.

Nous partimes les uns à cheval, les autres en voiture. Quant à moi, j'ai fait le voyage avec M. le commissaire civil qui avait eu la bonté de m'offrir une place dans la sienne.

Quelques spahis et quelques chasseurs précédaient et escortaient la caravane, dont le général D.... et leurs officiers supérieurs faisaient partie. Le train avait pourvu au service des relais et au transport des provisions. Le temps était magnifique, tout allait donc pour le mieux.

Arrivés à moitié chemin, dans la plaine d'Eghrris, nous nous trouvâmes sur les bords d'une mer de sable d'environ 4 à 5 kilomètres de largeur et qu'il faut traverser. Elle est arrosée par la rivière de l'Oued-Maoussa qui coule à fleur de terre et qui se perd en grande partie dans les sables pour aller reparaître plus loin, au pied des montagnes. Nous la passâmes en voiture et sans danger.

Nous rencontrâmes enfin, des champs cultivés, et à quelques kilomètres plus loin, nous entrâmes dans un magnifique bois d'oliviers deux fois centenaires; il était 11 heures et demie.

Au centre du bois qui est arrosé par deux petits courants d'eau limpide, le déjeûner était servi sur la pelouse. Par les soins de l'agha et de l'interprète du général, des tapis arabes et de beaux tapis de perse avaient été disposés à terre en carré long et des coussins étaient placés dessus pour faire asseoir les dames. La société a pris place à cette table champêtre, au milieu de laquelle s'élevait une montagne de fruits les plus beaux et les meilleurs, autour desquels étaient symétriquement rangés le Couscous et autres mêts arabes, à côté des rôtis, des pâtés, des filets de bœuf et autres apprêts culinaires de la civilisation A peine les joyeux convives avaient-ils déplié leurs serviettes, qu'un spectacle des plus confortables et des plus rassurants pour leur appétit, vint tout-à-coup frapper leurs yeux. Deux arabes franchissant l'enceinte réservée, se firent jour à travers les rangs serrés des honorables membres et vinrent fièrement se placer aux deux extrémités de la table du banquet pour compléter le menu du service. Ils étaient armés chacun d'une longue perche à la pointe de laquelle s'étalait glorieusement un mouton roti, chaud et fumant, sortant de la broche, moutons qui firent leur entrée solennelle, accueillis par les huras spontanés de l'assemblée toute entière.

Après le déjeûner, ces dames ont bien voulu prêter leur charmant concours à ces Messieurs pour jouer une jolie charade. Elles ont ensuite fait briller leurs grâces et leur adresse en jouant au cerceau, pendant que ces Messieurs prouvaient, d'un autre côté, la

précision et la justesse de leur coup-d'œil, en tirant
à la cible.

Après que ces divertissements ont été terminés,
la société est sortie du bois et, suivant le cours d'un
joli ruisseau, s'est dirigée vers les jardins d'orangers,
de grenadiers et de figuiers qui ont abrité sous leurs
frais ombrages la tendre enfance et l'héroïque jeunesse d'Abd-el-Kader. J'ai vu dans ces jardins un
bosquet d'orangers et de grenadiers séculaires aux
pieds desquels serpente un limpide filet d'eau ; quelques-uns d'entre eux sont énormes, et leurs troncs
présentent jusqu'à 1 mètre 60 centimètres de circonférence.

La pensée ne m'est pas venue, et j'en exerce le
regret, de visiter l'intérieur de la maison qu'a si
longtemps habitée l'émir ; mais je conserve comme
souvenir de mon voyage, une orange que j'ai cueillie
dans ses jardins dont il regrette sans doute les dou-
ceurs sur la terre étrangère.

C'était un coup-d'œil fort curieux qui méritait
d'être reproduit par la photographie, de voir l'aspect,
le mouvement et l'animation que donnaient à ce bois
et à ces jardins ordinairement muets et déserts, les
fraîches toilettes de ces dames, les divers costumes
de ces Messieurs et de l'escorte, ainsi que les indigènes accourus en grand nombre et nous montrant
la sévérité et la conformité invariable du costume
arabe, confondu avec les crinolines et les couleurs
variées des robes de ces dames ; les riches et divers
uniformes.

Ce qui animait enfin le tableau, c'étaient les nombreux chevaux et mulets, ainsi que les voitures disséminées dans les bois et autour desquels circulaient de nombreux domestiques et soldats du train.

J'ai vu sur ce point éloigné de toute civilisation, les toilettes, les grâces et la valeur de l'Europe, réunis aux costumes et aux usages primitifs des populations africaines. J'ai vu, réunis à l'occasion de la même fête, des français, des arabes, des maures, des juifs et des nègres.

Vers trois heures et demie, la société a pensé qu'il était temps de songer à regagner Mascara. Toute la caravane est remontée à cheval ou en voiture, et, en moins de dix minutes, le silence et le vide se sont faits de nouveau dans l'oasis où ils règnent ordinairement en souverains et où ils sont bien rarement troublés.

Le proverbe qui dit qu'il y a peu de beaux jours sans nuages, s'est malheureusement vérifié dans cette circonstance. La caravane venait à peine de repasser l'OUED-MAOUSSA, qu'elle fut surprise dans la mer de sable par une pluie d'orage des plus violentes. Ces dames, qui se trouvaient dans des voitures découvertes, furent bientôt inondées et virent leur légère toilette transpersée. Il en fut de même de la plupart de ces Messieurs qui étaient à cheval et n'avaient pas de manteaux. Quant à M. le commissaire civil, à ses deux autres compagnons de route et à moi qui, plus heureux que les autres, avions une voiture couverte, nous en fûmes quittes pour quelques éclaboussures. Comme chacun rentrait chez soi, cette averse malencontreuse n'a eu de suites fâcheuses pour personne.

Mardi 28.

Dans l'après-midi, nous sommes allés nous promener à la campagne de M. C..., d'Amélie-lès-Bains (Pyrénées-Orientales). C'est une très-belle propriété, située sur un point culminant, à deux portées de fusil de la porte d'Oran, où nous avons été très-gracieusement accueillis par Monsieur et par Madame, qui ont eu la bonté de nous la faire visiter et de nous offrir de beaux et excellents fruits. J'ai apporté en France un magnifique échantillon de leurs raisins.

Jeudi 30.

Nous sommes aussi allés visiter l'agha Sidi-Hamed, dans sa maison de campagne de Bab-Ali, où il nous a également fort bien accueillis. Nous avons été reçus dans un beau salon meublé à la française, où il nous a fait servir le café, et sur la cheminée duquel j'ai remarqué avec plaisir une pendule en marbre vert des Alpes. Il est officier de la légion d'honneur. Sa belle habitation contraste singulièrement avec les misérables cahutes qu'elle domine.

OCTOBRE 1858.

~~~~~~~~~~~~

Vendredi 1ᵉʳ.

J'ai fait avec mon neveu une visite à M. B...., attaché à l'état-major de la place, dont l'appartement est un véritable musée. La pièce la plus curieuse de sa collection, c'est son cercueil qu'il m'a fait voir droit au pied de son lit. Il en jouit déjà depuis plusieurs années ; quand il est malade il le fait placer sur deux chaises à côté de son lit, et il a soin de s'y coucher de temps en temps pour l'essayer et le faire retoucher, s'il y a lieu.

Samedi 2.

Nous avons visité la mosquée qui est assez belle et nous étions au sommet de son élégant minaret à une heure après-midi, au moment où le Muezin est venu appeler ses coréligionnaires à la prière.

Quelques jours auparavant, j'avais visité, avec

mon neveu, l'autre mosquée, dite d'Abd-el-Kader, parce que c'est là que l'émir était dans l'habitude d'aller prier et prêcher. La voûte de la chapelle où il avait coutume de se livrer à ces exercices religieux, est ornée de curieuses sculptures en bon état de conservation. La mosquée est aujourd'hui un magasin de grains appartenant à l'Etat. Les bâtiments qu'occupaient les femmes de l'émir, non loin de là, sont maintenant un hôpital assez beau que j'ai aussi visité.

Dimanche 3.

Ensuite d'une invitation que nous avions reçue depuis plusieurs jours de M. le commissaire civil, mon neveu et moi avons assisté, à midi, à la distribution des primes décernées par le comice agricole, puis nous avons pris part à un banquet qui a eu lieu à une heure. 120 convives, parmi lesquels plusieurs arabes, se sont assis autour de la table qui présentait la forme d'un fer de cheval, et au moment de prendre place, M. le commissaire civil, s'approchant de moi, m'a conduit au fond de la salle où il m'a fait asseoir à sa droite, au-dessous d'un trophée de drapeaux du milieu duquel se détachait le buste de l'Empereur. Vainement j'avais voulu décliner l'honneur qui m'était fait par ce premier magistrat, il avait fallu l'accepter. La cérémonie et le repas ont eu lieu sous une immense tente, gracieusement

décorée par ses soins et dressée à la compagne
GARCIA, auprès de la route, à deux portées de fusil
de la porte d'Oran. Pendant le banquet, MM. les
sous-officiers de la garnison ont, ainsi que MM. les
musiciens, alternativement chanté et joué des morceaux qui ont été fort applaudis. Je suis revenu de
nuit à Mascara, au moment où un bal champêtre
continuait la fête.

Lundi 4.

J'ai fait mes visites de départ dans la ville.

Mardi 5.

Dans l'après-midi, j'ai pris congé du général et
de Mme D... et j'ai eu l'avantage de faire la connaissance de Mme D..., mère de Mme D..., ainsi que
de ses deux charmantes jeunes filles arrivées de
France la veille. Le brave et bon général, ainsi que
Mme D..., m'ont affectueusement serré la main.

Le même jour, je suis reparti de Mascara pour
Oran, à 8 heures du soir. M. le commissaire civil de
la F..., M. le payeur L..., M. le banquier P..., ont eu
la bonté de venir me faire leurs adieux au moment où
j'allais monter en voiture. Ma chère nièce, dont le
mari m'a fait l'amitié de m'accompagner jusqu'à
Oran, était également venue avec ses enfants pour
nous embrasser au moment du départ.

Je conserverai avec reconnaissance le souvenir de l'accueil si bon et si flatteur dont j'ai été l'objet à Mascara, soit dans ma famille, soit de la part de toute cette société d'élite si bienveillante, avec laquelle j'ai été heureux de me trouver en rapports pendant trois semaines.

Mercredi 6.

Nous sommes arrivés à Oran, à 7 heures du matin. J'ai parcouru de nouveau et visité plus en détail cette ville curieuse et unique dans son genre, où j'ai revu nos compatriotes, MM. S... et F..., qui m'ont comblé d'attentions et de prévenances. J'ai fait ensuite une visite à M. M..., intendant de la division, et à Madame qui avaient eu la bonté de m'inviter à dîner avec mon neveu et tous les membres de l'intendance; mais je n'ai pas accepté leur honorable invitation. M. et Mme M... sont très-bienveillants et fort accueillants; ils m'ont félicité du beau voyage que j'allais faire et Monsieur m'a donné l'adresse d'un des principaux hôtels de Cadix.

Jeudi 7.

Je suis allé dans les bureaux de la préfecture et dans ceux du consulat d'Espagne faire viser mon passeport pour Cadix. M. le secrétaire général D..., en l'absence de M. le Préfet, m'a très-obligeamment accueilli et a bien voulu m'accorder spontanément le passage gratuit de MERS-EL-KÉBIR à CADIX, sur le bateau de la marine impériale qui partait dans l'après-midi.

Le même jour, à 11 heures et demie, j'ai quitté Oran pour aller m'embarquer dans ce port, situé à 8 kilomètres de distance et dont la population, réunie à celle de SAINT-ANDRÉ, village que l'on rencontre sur la route, à deux portées de fusil avant d'arriver, s'élève à environ 1,800 âmes.

Après avoir visité le village et le fort, avec L.... qui m'avait accompagné, nous nous sommes rendus, à 3 heures du soir, à bord du *Titan*, où nous nous sommes fait nos adieux. Le bâtiment est ensuite sorti du port à 3 heures et demie par un temps superbe et une belle mer.

Le bateau, qui est bon marcheur, a suivi la côte qui est verte et boisée, et nous sommes arrivés vers deux heures du matin à NEMOURS, point extrême de notre côte africaine, où l'on a débarqué en passant les pièces de bois destinées au télégraphe électrique, que nous avions à bord.

Vendredi 8.

Nous avons longé toute la journée les côtes du MAROC. Le temps et la mer ont continué à être ma-

gnifiques; nous avons vu dans l'après-midi trois
tortues de mer qui ont passé très-près de nous et le
soir, comme la veille, nous avons admiré la comète
dans tout son éclat.

Samedi 9.

A une heure du matin, nous jetions l'ancre dans
le port et sous les murs de GIBRALTAR.

A 6 heures et demie, ■ ensuite de l'invitation
qu'avait bien voulu me faire M. le lieutenant du bord,
je suis descendu avec MM. les officiers dans une
embarcation conduite par dix hommes de l'équipage
pour aller visiter la redoutable forteresse de nos
alliés, et à sept heures moins un quart nous prenions
pied sur la jetée en avant de la première enceinte.
En passant devant le bureau de l'inspecteur de police,
situé à l'entrée du pont qui conduit à la porte, un
préposé m'a demandé très-poliment et en très-bon
français l'exhibition de mon passeport. Après y avoir
jeté un coup d'œil, M. l'inspecteur m'a remis un
laissez-passer imprimé, dont il a rempli les blancs,
où il m'a désigné sous le nom de M. de Dupuy et au
moyen duquel j'ai pu librement circuler partout avec
MM. les officiers.

Nous avons alors franchi la porte de la première
enceinte qui est l'ouvrage des anglais. De chaque
côté de cette porte se trouve à l'intérieur un corps-de-

garde et c'est là que j'ai vu pour la première fois des soldats anglais.

J'étais alors dans GIBRALTAR, ville de 20,000 habitants, l'une des plus redoutables forteresses du monde.

Nous avons trouvé dans cette première enceinte un mouvement et une animation considérables, dont je me suis bientôt rendu compte. C'est là que se tiennent les marchés, à droite et à gauche de la voie qui conduit à la deuxième. A droite se tiennent les marchés de la viande de boucherie, des légumes, du jardinage, des fruits et des fleurs. A gauche, le marché au poisson. Après avoir donné un coup d'œil à ces divers marchés, nous avons passé la porte de la deuxième enceinte, porte que les anglais réparent et élargissent dans ce moment-ci.

Cette porte s'ouvre sur une grande place irrégulière, sur laquelle j'ai remarqué à gauche en entrant un beau bâtiment militaire qui forme toute la façade de ce côté. Nous avons traversé la place diagonalement en prenant la droite et à l'extrémité nous avons rencontré une énorme palissade livrant passage à l'active et nombreuse population par deux autres portes que gardent encore deux sentinelles.

Nous avons franchi ces portes et alors nous avons vu s'ouvrir devant nous une longue et large rue bien propre, bien pavée, bordée de trottoirs et de jolies maisons. Les magasins, occupés par des marchands anglais, espagnols, juifs et arabes, sont assez élégants et offrent aux acheteurs, à l'extrémité de l'Europe, tout ce qui constitue le confortable de la vie et que l'on trouve dans ceux de nos grandes villes de France.

J'ai vu dans cette rue une belle église catholique dans laquelle se disait une messe basse à laquelle assistait un assez grand nombre de personnes et surtout de dames.

Un peu plus loin, je me suis arrêté devant la résidence du gouverneur qui m'a paru fort belle et jouit d'une superbe vue sur le port et sur la mer. La façade sur la rue est décorée d'un buste colossal en marbre blanc d'un roi d'Angleterre, dont j'ai oublié le nom.

A l'extrémité de cette longue rue, se rencontre un corps-de-garde. Nous avons tourné à gauche et nous nous sommes trouvés à une porte de la ville. Nous sommes sortis, et, en contre-bas du chemin que nous suivions, nous avons vu au pied des remparts un cimetière catholique du plus pittoresque et gracieux aspect. J'ai admiré en silence et avec recueillement les frais ombrages de ce champ du repos qui abritent quelques monuments en marbre blanc assez élégants, mais dont je n'ai pas pu, à cause de l'éloignement, lire les inscriptions.

A quelques pas de là, nous avons rencontré à droite et à gauche de la route, dont il n'est séparé que par des murs à hauteur d'appui, un immense parc d'artillerie rempli d'un énorme matériel de toute espèce, tant en projectiles qu'en affuts et en canons. Les sentinelles nous ont laissé regarder tout à notre aise ces formidables ressources de nos alliés.

Un peu plus loin, la route est plantée de beaux arbres et bordée de jolis jardins publics de nouvelle création, au-delà desquels s'étendent quelques hectares de verdoyante campagne assez bien boisée, véritable oasis que j'ai été surpris de rencontrer sur le rocher de Gibraltar.

Cette route aboutit, à un kilomètre environ de la ville, vers un espèce de faubourg où se trouvent un certain nombre de beaux bâtiments appartenant à l'Etat.

Là, se sont bornées notre promenade et nos explorations extérieures ; nous sommes revenus sur nos pas et rentrés dans la ville dont nous avons visité de nouveaux quartiers dans lesquels j'ai vu un temple protestant de construction nouvelle et bâti dans le style mauresque.

Chemin faisant, nous avons rencontré dans les rues plusieurs de MM. les officiers qui s'étaient séparés de nous et qui nous ont rejoint pour retourner à bord, car l'heure du retour approchait. Nous avons fait encore quelques petites emplettes dans divers magasins et nous avons ensuite repris tous ensemble le chemin des portes de la ville pour regagner la jetée et notre embarcation où les hommes de l'équipage avaient reçu l'ordre de nous attendre.

Ils étaient tous à leur poste et nous sommes immédiatement repartis pour joindre le bateau où nous arrivions à 9 heures et demie.

Je ne dois pas oublier de dire que, pendant cette double traversée d'aller et de retour, MM. les officiers

ont toujours été pour moi très-polis et pleins d'égards.
En descendant dans l'embarcation au moment du
départ, j'avais eu soin de me placer sur un banc
devant les rameurs et de laisser libre pour eux
l'arrière de la barque qui était disposé pour les recevoir et garni de tapis. Quand ils furent assis et qu'ils
m'aperçurent sur le modeste banc que j'occupais,
ils s'empressèrent de me dire : « M. le juge, votre
« place n'est pas là ; elle est ici, au milieu de nous ;
« veuillez nous faire le plaisir de venir vous y asseoir. »
Et ce disant, ils s'écartèrent pour me céder la place
du fond que j'ai occupée en allant et en revenant.
Nous avons fait là une promenade vraiment charmante, indépendamment de tout l'intérêt de curiosité
qui s'attachait pour moi à la visite de Gibraltar.

Les Anglais ne possèdent absolument dans ces parages que le rocher sur lequel il est assis. Ils n'ont point
ou seulement fort peu de territoire hors des murs de
la forteresse, car le joli village de Saint-Roch, qui
est situé en amphithéâtre à une portée de fusil de
l'enceinte, appartient à l'Espagne et son territoire
s'étend jusqu'à un fossé, creusé près des remparts,
qui forme la frontière.

Mais, en revanche, Gibraltar est imprenable et l'on
n'aura pas de peine à le croire, quand on saura qu'il
y a en batterie 1,000 pièces de canon pour le défendre.
On appréciera tous les dangers qu'il y aurait pour
l'ennemi à s'approcher de ses remparts baignés par
la mer, quand on saura que j'ai vu dans les flancs de
ces mêmes remparts, sous lesquels j'ai passé deux

fois et que j'ai longé de très-près, de nombreuses batteries armées de canons des plus gros calibres, batteries qui feraient des ravages d'autant plus terribles dans les flancs des vaisseaux ennemis, qu'elles sont à peine élevées de deux ou trois mètres au-dessus du niveau de la mer et qu'elles peuvent la balayer à une grande distance.

Heureusement notre frêle embarcation ne portait que de bons alliés de l'Angleterre; aussi les foudres d'airain sont-ils restés muets et avons nous été accucillis et traités en amis.

Il était 9 heures et demie du matin quand nous avons été de retour à bord. A 10 heures nous repartions et je jetais un dernier regard d'adieu sur Gibraltar, en passant devant Algésiras, jolie ville de 6,000 habitants, située de l'autre côté du port et qui fait face à sa redoutable voisine. Nous étions en route pour Cadix.

A midi, nous passions à portée de la voix devant Tarifa et au pied de son phare. Cette ville, peuplée de 12,000 habitants, qui touche au rivage et dont les oranges sont en grande réputation, est environnée de gracieux coteaux couverts de vignobles. Dans les sentiers qui y serpentent j'ai vu quelques ombrelles protégeant contre les ardeurs du soleil, des dames accompagnées de messieurs portant un fusil sur l'épaule, qui s'arrêtèrent pour regarder passer le bateau.

Nous avons ensuite traversé le détroit, ayant à égale distance de nous, les côtes du Maroc et celles d'Espagne dont nous distinguions parfaitement les sinuosités et les rivages. Le temps et la mer continuaient à être magnifiques, et malgré le courant qui entraîne les flots de l'Atlantique dans le bassin de la Méditerranée, le *Titan* marchait rapidement.

Les journées d'octobre sont bien belles dans ces lointains parages, aux extrémités du continent européen et sur les côtes du Maroc. Je n'oublierai jamais les impressions indéfinissables que je ressentis ce jour-là à la vue des spectacles si grandioses et si variés, dont il m'a été successivement donné de jouir et dont je ne pouvais rassasier mes yeux. Sous un splendide soleil, la mer était aussi magnifique que le ciel; l'air était tiède; notre embarcation, au milieu du calme le plus parfait, sillonnait joyeusement les flots; j'ai vu et visité une formidable forteresse, un immense et superbe port, ouvrage de la nature. Enfin, j'ai traversé ce détroit fameux dans l'histoire et dans la fable, séparant de quelques lieues seulement la barbarie et la civilisation qui, toutes deux, peuvent s'apercevoir et se mesurer du haut des falaises de leurs rivages.

Dimanche 10.

A trois heures du matin, nous arrivons dans le port de Cadix et nous jetons l'ancre à quelque distance de la ville dont nous voyons les nombreux becs de gaz se refléter dans la mer.

Dès qu'il est jour, je monte sur le pont et y ayant rencontré le lieutenant du bâtiment qui se promenait, je lui dis qu'avant de nous séparer et de quitter le bord, je venais le remercier de l'hospitalité que j'y avais reçu. Il me répondit avec la ronde franchise d'un marin que je ne lui devais aucuns remerciements, parce qu'il n'avait rien fait pour moi; que dans sa position il avait à faire à tant de monde, il voyait tant de passagers qu'il lui était impossible de distinguer dans le nombre ceux qui, par leur position, devaient être traités avec plus d'égards que les autres; mais qu'il me priait de l'excuser et de lui permettre de m'offrir du café avant de nous séparer. Je me fis un plaisir d'accepter sa cordiale invitation et nous passâmes au salon, où, sur un ordre de sa part, nous fûmes bientôt servis.

Nous étions à causer depuis environ une demie heure, il était six heures et demie, quand il se leva tout-à-coup en me disant : Prenez la peine de monter avec moi sur la dunette et vous allez avoir devant les yeux un spectacle dont, je l'espère, vous serez enchanté. Le soleil venait de se lever; nous arrivons sur la dunette et j'avoue qu'il est difficile de jouir d'un coup d'œil plus magnifique que celui de la blanche et coquette Cadix au moment où les premiers rayons du soleil levant viennent dorer ses dômes, ses clochers, ses tours, ses terrasses, les façades de ses maisons, ses remparts et les beaux arbres de ses promenades. Alger seul, vu de la mer au lever du soleil, offre aux regards du voyageur un

4*

aussi curieux spectacle, dans les pays divers que j'ai visités.

Pendant que nous promenions sur la dunette, en attendant que MM. de la santé vinssent visiter le bord et nous autoriser à débarquer, M. le lieutenant, aussi prévenant pour moi qu'il l'avait été déjà à Gibraltar, me dit gracieusement que je n'avais pas besoin de m'occuper de mes moyens de débarquement, qu'il allait envoyer à la ville une embarcation pour y conduire des gens du bord et qu'elle me transporterait moi et mes effets sans que j'eusse rien à débourser pour cela. J'acceptai cette nouvelle offre comme j'avais accepté la première, et après que MM. de la santé eurent autorisé le débarquement, je pris congé de lui en le remerciant de toutes ses politesses.

A huit heures, je mettais pied à terre devant les portes de la ville; je dis les portes, car il y en a deux, l'une par laquelle on entre, l'autre par laquelle on sort. Je fus à l'instant enveloppé par une nuée de garçons d'hôtels, flanqués de leurs hommes de peine. Dans l'embarras du choix, je donnai naturellement la préférence à celui qui parlait le mieux le français. C'était le garçon de la Fonda de l'Europe, et précédé de deux introducteurs, je m'engageai sous la porte d'entrée où je fus arrêté par MM. de la douane qui me prièrent de leur ouvrir ma malle et mon sac de nuit; mais qui se montrèrent très-coulants dans leur visite.

Alors je pus franchir librement la porte et faire

mon entrée dans CADIX, cette perle de l'Andalousie, grande et jolie ville de 53,000 habitants, à 490 kilomètres de Madrid.

L'on se trouve, en débouchant de la porte, sur la place d'Isabelle II qui est assez belle et sur laquelle règne un mouvement très-considérable à cause du voisinage du port, mais elle est irrégulière.

De la place Isabelle II, on entre dans la rue San-Francesco, où est située la Fonda de l'Europe où j'allai loger, et dont les propriétaires sont deux Marseillais. J'eus donc le grand avantage de me trouver en rapports immédiats avec des Français, en arrivant dans cette ville située à l'extrémité de l'Europe.

Après avoir déjeûné et assisté à la messe dans la belle église de San-Francesco, je me mis en course pour faire le tour de l'enceinte intérieure de la ville. Je parcourus d'abord les remparts contre lesquels les flots de la mer viennent se briser et qui, comme ceux de Gibraltar, sont armés de canons des plus gros calibres; puis la longue et superbe promenade publique d'Alaméda, et enfin les boulevards qui, comme elle, dominent la mer.

J'ai fait un assez long voyage; j'ai vu beaucoup de villes, par conséquent beaucoup de promenades publiques; eh bien! je n'en ai pas vu une seule qui puisse se comparer à celle d'Alaméda, magnifique promenade, unique dans son genre, avec ses larges et longues allées, ses nombreux bosquets, ses gracieux massifs d'arbustes et de fleurs, ses statues de marbre, l'admirable coup d'œil de la mer et du port dont on y jouit et son éclairage au gaz.

Je commençai ensuite à visiter l'intérieur de la ville, dont les rues sont en général étroites et longues, mais droites, fort propres, bien pavées et bordées de trottoirs. Les maisons en sont assez jolies et leurs façades décorées de grands balcons en saillie avec vitrages et des rideaux fort riches, le tout d'un bel effet. Elles ont aussi, au rez-de-chaussée, un grand nombre de très-beaux magasins en tous genres.

J'éprouvai une grande et agréable surprise dans l'un de ceux de la rue San-Francesco. Je sortais de chez un marchand de gravures où j'avais acheté quelques lithographies représentant des vues de la ville, lorsqu'en passant sur le trottoir, devant le vitrage extérieur, j'aperçus, au milieu de beaucoup d'autres, une vue des environs de Grenoble, celle du village de Sassenage. J'avoue que je ne m'attendais guère à trouver à Cadix une vue d'un de nos modestes villages Dauphinois et je témoignai au marchand combien cela me faisait plaisir.

Lundi 11.

J'ai continué mes pérégrinations dans les rues et sur les places et parcouru deux fois la longue et belle rue Ancha, qui est sans contredit la plus grandiose de la ville par sa largeur et le coup d'œil que présentent les magasins et les balcons qui la bordent. J'ai vu la belle place de Mina entourée d'une allée de superbes orangers et d'un berceau de vignes, ainsi que celles, bien belles aussi, de la Constitution et du Marché.

Cette derniere est bordée d'élégantes arcades sous lesquelles j'ai vu étalée une inépuisable abondance d'oranges, de cédras, de grenades, de figues, de pêches et de raisins, magnifiques et délicieux produits de la belle et fertile Andalousie.

J'ai visité enfin la cathédrale, l'une des plus magnifiques de la Péninsule. Ce superbe monument de la piété et de la foi de la catholique Espagne m'a saisi d'admiration par sa splendeur et ses innombrables richesses artistiques. C'est un imposant et admirable assemblage d'élégantes colonnes en marbre blanc, noir et jaune, au milieu desquelles s'élèvent un chœur et un sanctuaire dont je dois renoncer à détailler les merveilles en architecture et en sculptures de toute espèce. Tout ce que je puis dire, c'est que l'édifice entier, depuis le pavé de la place et les dalles de l'intérieur jusqu'aux voûtes, aux dômes et aux sommets des tours, est revêtu de marbre blanc et que les colonnes, les rosaces, les statues et les sculptures de la façade sont d'un admirable effet, le marbre en étant encore parfaitement intact et ayant conservé tout son poli et tout son éclat sous le beau ciel de l'Andalousie.

Pendant que je visitais l'intérieur, un ecclésiastique en surplis m'arrêta au moment où ayant monté

les marches du sanctuaire, j'allais y entrer pour en
admirer de plus près toutes les merveilles. Il me dit
que l'office des chanoines commençait et que je ne
pouvais pas entrer. Lui ayant répondu en latin, il
comprit que j'étais étranger, et ayant appelé un enfant
de chœur il lui donna l'ordre de me conduire partout.
Mon jeune guide en calotte et en soutane rouges fut
bientôt rejoint par plusieurs de ses camarades. A
l'appui de l'injonction qu'il venait de recevoir et pour
stimuler son zèle, je lui glissai dans la main une
Pécéta (un franc cinq centimes de notre monnaie).
Alors son empressement à tout me faire voir fut
admirable. Il me conduisit entre autres dans une
chapelle fermée par une grille et située dans une nef
derrière le sanctuaire. Là, je vis sur l'autel une
magnifique châsse renfermant le corps de la sainte à
laquelle il est dédié. L'enfant de chœur ayant mis en
mouvement une manivelle placée au pied de la châsse,
le rideau de soie couleur grenat qui, placé derrière la
glace, dérobait à mes yeux le corps de sainte Victo-
rine, s'enroula autour d'un cylindre et je vis la sainte
revêtue d'un brillant costume, couchée sur de riches
coussins. Elle a le visage, les mains et les pieds à
découvert. Je fus frappé de son état de conservation
parfaite et comme je la regardais de très-près pour
m'assurer que ce n'était point une statue en cire que
j'avais sous les yeux, mon guide, qui devina mon
doute, eut soin de me dire que c'était bien véritable-
ment *sua carne* (sa chair).

Comme ce n'était ni le cas, ni le lieu de discuter

cette question avec mon jeune cicérone, je l'ai crú sur parole, sans plus ample examen, sachant bien d'ailleurs qu'il n'y a que la foi qui sauve.

Enfin, après avoir visité les sacristies dont la richesse et la beauté répondent à celles de l'église, je sortis avec le projet de monter sur la tour des cloches et je fus assez heureux pour rencontrer à la porte de cette tour le sonneur qui ne fut pas fâché de gagner une *pécéta* en m'en faisant les honneurs. Le clocher n'est pas d'une élévation très-considérable, mais le coup d'œil dont on jouit du haut de la galerie est vraiment admirable. Sous les pieds se déroule le panorama tout entier d'une grande ville baignée de tout côté par la mer et dont les monuments, les édifices publics, les blanches maisons surmontées de jolies terrasses, les clochers, les tours, les promenades et les boulevards sont d'un effet très-curieux. Au nord, l'on domine un beau port avec ses nombreux bâtiments, tout le mouvement qui l'anime et son immense rade. Sur la droite, l'on voit l'ILE DE LÉON que l'on touche presque de la main. Enfin, à gauche et à perte de vue, les côtes d'Espagne et l'horison sans bornes de l'Atlantique.

Au moment où je sortais de la tour, MM. les officiers du *Titan* arrivaient sur la place pour y monter aussi et c'est là que probablement nous nous sommes vus pour la dernière fois. En les quittant, je rencontrai dans une rue voisine quelques marins de l'équipage en grande tenue, avec lesquels nous nous fîmes aussi nos adieux.

Mardi 12.

Je suis allé au consulat de France faire viser mon passeport pour traverser l'Espagne. M. le chancelier, en l'absence du consul, m'a accueilli en bon compatriote et a refusé absolument de recevoir de moi aucun droit de chancellerie. Quand j'ai pris congé de lui, il a eu l'honnêteté de m'accompagner jusque sur l'escalier où il m'a serré affectueusement la main en m'exprimant tous les regrets qu'il éprouvait en nous séparant de ne pas pouvoir me dire : *Au revoir*, et en me témoignant la plus flatteuse sympathie.

A 11 heures du matin, et par un temps toujours admirablement beau, je suis arrivé sur le port et me suis embarqué sur un vapeur espagnol pour me rendre à Séville.

Demi-heure après, nous voguions sur l'Océan et longions les côtes pour chercher l'embouchure du GUADALQUIVIR que nous devions remonter.

A une heure nous y arrivions et passions de l'Atlantique sur ce beau fleuve, dont les eaux assez rapides ont une teinte de café au lait. Ses rives, que l'imagination des romanciers et des poëtes nous représentent comme si vertes et si gracieuses, ne sont point, en réalité, aussi belles qu'il leur a plu de nous le dire.

Il y a certainement sur les bords du fleuve de

charmants paysages, de jolies villes grandes et petites, de gracieuses villas. Mais aussi, dans son long
et sinueux parcours de l'Océan à Cordoue, avec
quelle impression de tristesse et d'étonnement j'ai vu
sur ses rives, comme en Afrique, des plaines immenses, sans routes, sans arbres, sans culture, par
conséquent sans récoltes, envahies par les palmiers
nains et les cactus, plaines où l'on ne rencontre à
peine, à de longues distances, que des misérables
doirs et des gourbis aussi pauvres, autour desquels
paissent à l'aventure, comme en Afrique, quelques
troupeaux de bœufs, de chevaux ou de moutons. Il
est vrai que ce triste aspect, qui rappelle celui des
plaines d'Eghrris et de la Mitidja, se modifie graduel-
lement et qu'il est remplacé par un aspect admirable
à mesure que l'on approche des grands centres de
population.

Le cours inférieur du Guadalquivir présente beaucoup d'animation et de mouvement, par suite du
nombre considérable de bâtiments marchands et de
bateaux à vapeur qui le remontent continuellement.

C'est avec ces différences d'aspects et d'impressions
que nous arrivâmes vers les 7 heures et demie du
soir à SÉVILLE, cette belle capitale de l'ANDALOUSIE.

Nous débarquâmes sur un quai de la rive gauche
du fleuve, en aval du pont qui relie les faubourgs à
cette grande ville, dont l'active population s'élève à
124,000 habitants. Elle est située à 76 kilomètres de
l'embouchure du Guadalquivir et à 378 kilomètres
de Madrid.

5

Le débarquement s'effectua à la clarté des becs de gaz, à celle des lanternes des douaniers et des garçons des hôtels. A Séville, comme à Cadix, les douaniers se montrèrent assez faciles ; ils me dirent que je ne devais pas avoir des cigarres dans ma malle, mais ils les laissèrent passer.

Quant aux garçons d'hôtels, ici comme à Cadix, mon choix se fixa aussi sur celui qui parlait le mieux notre langue. Il fit alors approcher une calèche à deux chevaux, dans laquelle il m'aida à monter en me demandant la permission de s'y asseoir vis-à-vis de moi, et pendant que mes effets étaient chargés sur une petite charrette, la calèche prenait rapidement le chemin de la Fonda de Londres, l'une des premières de la ville, située sur la place de l'infante Isabelle. En arrivant, le propriétaire de l'hôtel, qui attendait sur le trottoir, m'offrit la main pour descendre de voiture, et sur un mot que lui dit le garçon en entrant, il m'ouvrit immédiatement les portes d'un charmant et confortable appartement au rez-de-chaussée, dont les croisées donnent sur la place. Il se compose d'un salon et d'une chambre à coucher garnis de tapis et élégamment meublés. Les domestiques vinrent quelques instants après me prier de passer à la salle à manger où j'étais servi ; pendant le dîner ils me dirent que le guide attaché à l'hôtel était prévenu et que le lendemain il serait à mes ordres à l'heure qui me conviendrait le mieux. Mon projet étant de commencer tout seul mes excursions, je leur répondis que je leur ferais savoir mes intentions quand le moment serait venu.

Mercredi 13.

Impatient de vérifier le plutôt possible si ce vieux proverbe : *Qui n'a pas vu Séville n'a rien vu*, était fondé, je me suis levé avec le soleil et, naturellement, j'ai commencé par visiter la place de l'infante Isabelle, sur laquelle s'ouvraient les fenêtres de mon appartement. C'est une fort belle place qui forme un carré long ; elle est entourée de maisons à terrasses ornées de jolies façades bien régulières et son pourtour ombragé par deux belles allées d'orangers sous lesquelles sont disposés de nombreux bancs en marbre blanc d'une forme très-gracieuse. Au centre, s'élève une estrade sur laquelle les musiques des régiments viennent se faire entendre dans la soirée plusieurs fois pendant la semaine, et c'est sur cette place que les belles Andalouses viennent chaque soir respirer le frais, en se promenant à la clarté des becs de gaz que supportent les nombreux candélabres qui la décorent et l'illuminent à *Giorno*.

En quittant la place, je visitai d'abord l'hôtel de ville qui est à l'une des extrémités. C'est un assez beau bâtiment mauresque que l'on répare dans ce moment-ci et qui a vu sur deux places. De l'hôtel de ville, je me rendis directement à la cathédrale qui se trouve dans le voisinage et devant laquelle je me rappelais d'avoir passé la veille en arrivant.

Ce magnifique et majestueux monument est situé au milieu d'une place, sur l'emplacement qu'occupait autrefois une mosquée dont on n'a conservé que l'admirable minaret nommé la Tour-Giralda qui, adossée à la cathédrale, lui sert aujourd'hui de clocher.

La cathédrale de Séville n'est pas comme celle de Cadix, entièrement revêtue de marbre blanc, mais l'aspect en est plus imposant et plus grandiose. J'ai vu plusieurs touristes occupés à dessiner les admirables sculptures qui décorent ses portes extérieurement.

C'est un immense carré long de 190 pas de longueur sur 120 de large, surmonté d'une forêt de flèches, de campanilles et de dômes.

L'on entre par dix portes dans cette superbe métropole qui n'a pas moins de 5 nefs et où j'ai compté 57 autels. Je renonce à détailler les magnifiques sculptures et peintures des dômes, des voûtes, des boiseries du chœur, du sanctuaire et des chapelles dans lesquelles j'ai vu les tombeaux de plusieurs rois d'Espagne et de quelques archevêques. J'ai, comme à Cadix, assisté à l'office des chanoines qui portent la soutane violette et qui ainsi ressemblent à autant de prélats.

Après déjeûner, je me suis acheminé à travers les rues de la ville pour aller visiter son beau fleuve et bientôt je suis arrivé sur les quais de la rive gauche où règnent beaucoup de mouvement et d'animation, attendu qu'ils servent de port d'embarquement et de

débarquement pour les nombreux bâtiments marchands qui bordent les rivages.

Ce qui contribue encore à donner de la vie à ces
quais, ce sont les travaux du chemin de fer dont le
tracé longe la rive gauche du fleuve. Ces travaux sont
poussés avec beaucoup d'activité et l'exécution en est
confiée à des ingénieurs français, dont j'ai été le
commensal pendant mon séjour à Séville.

De l'autre côté, sur la rive droite, s'élève le populeux faubourg de Triana, relié à la ville par un beau
et large pont en pierre et en fer. Ce pont, que
j'ai traversé plusieurs fois, est bordé de trottoirs
en asphalte sur lesquels sont disposés de nombreux
candélabres au gaz et de jolis bancs en fonte sur
lesquels la population des quartiers voisins vient
s'asseoir pour respirer les fraîches émanations du
fleuve dans les tiédes nuits de l'Andalousie.

Après avoir visité le pont, j'ai suivi en aval le quai
de la rive gauche pour visiter à son tour une promenade que j'avais remarquée la veille en débarquant
et qui m'avait paru fort belle à la clarté du gaz.

Je ne m'étais pas trompé ; cette promenade de LAS
DELICIAS est, comme son nom l'indique, une charmante promenade aux bords du Guadalquivir et j'en
ai admiré les frais ombrages, les pièces d'eau, les
kiosques, les îles gracieuses œuvres de la main de
l'homme, les beaux orangers, les grenadiers et les
tapis de verdure.

J'arrivai ainsi en suivant les sinueuses allées dans
leurs capricieux contours, au bord d'un large fossé

qui sépare la promenade de la grande route de Cadix
à Madrid et alors j'aperçus devant moi, de l'autre
côté de la route, à 200 pas d'une des portes de la
ville, de beaux bâtiments que je pris d'abord pour
des dépendances du jardin. Mais je ne tardai pas à
être détrompé en voyant que ces bâtiments sont séparés de la route par une grille dorée, en remarquant
vis-à-vis de moi une superbe porte à colonnes et à
chapiteaux de marbre avec armoiries qui donne accès
dans ces bâtiments et en voyant qu'auprès de cette
porte, ainsi qu'autour de tout l'édifice, sont disposées
d'élégantes guérites où des soldats veillent à la garde
des maîtres de cette belle habitation. Je m'aperçus
alors qu'un beau parc en dépend et longe la route sur
une étendue d'un kilomètre environ ; mais il me
restait à savoir quel était le maître de cette magnifique villa.

Dans ce moment-là, un homme de la campagne
vint à passer et je lui demandai à qui appartenait
ista casa; c'est, me dit-il, le palais de l'infant duc
de Montpensier. Je le remerciai de ce renseignement
et je songeai aux moyens que je pourrais mettre en
usage pour être admis à parcourir et à visiter le
palais et ses dépendances. En retournant sur mes pas
vers la ville, j'aperçus sur l'une des faces latérales
de la grille qui ferme les abords du palais de ce
côté-là, une porte ouverte à deux battants et deux
factionnaires appartenant à l'artillerie qui en gar-
daient l'entrée. Cette porte s'ouvre sur une première
cour dans laquelle se trouve un corps-de-garde. Je

m'approchai de l'un des factionnaires et lui demandai
si je pouvais entrer ; il me répondit que non ! J'adressai
la même demande au sergent du poste qui se promenait à l'ombre le long de la grille en fumant sa pipe,
mais il ne me fit, comme le factionnaire, qu'une
répose négative en me faisant comprendre cependant
qu'il fallait m'adresser à un concierge qui rentrait au
palais dans ce moment-là. Cet homme s'aperçut qu'il
était question de lui et s'approchant, me demanda
ce que je désirais. Je lui répondis que j'étais français,
que je désirais visiter le palais de l'infant qui est un
de nos princes, et il me dit de le suivre. Nous franchîmes la première cour, nous en franchîmes une
deuxième, nous montâmes les marches d'un perron
ombragé par une tente élégante et nous entrâmes
dans une longue galerie pavée de dalles en marbre
noir et blanc où mon introducteur me pria de l'attendre un instant.

Un moment après, il revint avec une dame à qui
je fis connaître le motif de ma visite, et elle me
répondit en très-bon français : « Monsieur, veuillez
« attendre ici quelques minutes, je vais prévenir
« mon mari. » Un instant s'était à peine écoulé, que
je vis arriver un ancien militaire français décoré
et jeune encore, auquel j'exposai le motif qui
m'amenait. Je lui dis que j'étais magistrat français,
que je repartais dans deux jours et que je serais
bien satisfait si, avant de quitter Séville, il m'était
permis de visiter le palais de notre prince. Il me
répondit alors, avec beaucoup de politesse : « Venez,

« Monsieur, les français sont toujours bien accueillis
« chez M. le duc de Montpensier. Il est cependant
« d'usage que, lorsque tous les tapis sont placés,
« les meubles découverts et que les infants sont
« attendus, personne n'est plus admis à visiter le
« palais. Or, nous les attendons d'un moment à
« l'autre ; ils devaient même déjà arriver hier de Saint-
« Ildefonse et les appartements sont disposés pour
« les recevoir. Mais je crois pouvoir déroger à l'usage
« en faveur d'un compatriote ; veuillez donc prendre
« la peine de me suivre. »

Il ouvrit alors une porte à deux battants et nous
nous trouvâmes au pied d'un superbe escalier double
conduisant aux étages supérieurs. Arrivés au premier, il me fit entrer dans une belle galerie située
au-dessus de celle que nous venions de quitter et où
se trouve la longue série de portraits des rois et reines
d'Espagne, y compris Marie-Christine et Ferdinand
VII. J'y vis aussi tous ceux des membres de la famille
d'Orléans, y compris le roi des Belges, la duchesse
d'Orléans et la duchesse de Nemours, charmante
princesse morte dans la fleur de sa jeunesse et de sa
beauté.

De cette galerie, nous passâmes dans une série de
salons plus beaux les uns que les autres, dont un
surtout m'éblouit par la richesse de son ameublement.
En effet, les deux consoles, le guéridon du milieu,
les canapés, les fauteuils, les chaises, les pendu-
les, les cadres des glaces, en un mot tout le mobilier
qui le décore est plaqué en nacre. Mon guide, qui

s'aperçut de ma surprise, me demanda en souriant
ce que je pensais. « Ce que je pense, Monsieur, lui
« répondis-je, c'est que tout cela est magnifique.—Oui,
« me dit-il, cela est si beau que je ne crois pas que le
« prince ait l'intention de le laisser ici, mais bien de
« l'envoyer à Madrid. »

Nous descendîmes ensuite pour visiter le rez-de-
chaussée ; ce que je venais de parcourir, me dit mon
guide, ce sont les petits appartements où l'infante
reçoit quand elle est indisposée, ou dans les petites
occasions.

Arrivés au bas du grand escalier, il ouvrit encore
une porte à deux battants et je vis devant moi une
nouvelle et longue série de salons plus riches que
ceux que nous venions de quitter, et parmi lesquels
je remarquai surtout celui dans lequel a lieu la cérémonie du baise-main, ainsi que celui dit *des Cortès*,
où le duc et la duchesse donnent des bals dans les
grands jours d'apparat.

En parcourant ces somptueux salons dont tout le
mobilier est vraiment royal, il me prit la fantaisie
de m'asseoir sur l'un des magnifiques fauteuils que
j'avais sous les yeux et j'en demandai la permission
à mon si complaisant introducteur qui me l'accorda
bien volontiers en souriant.

En sortant de celui *des Cortès*, nous passâmes
dans une grande et splendide galerie vitrée, de
laquelle on entre dans le parc et qui est la salle à
manger des jours de gala.

A l'extrémité de la galerie, mon guide me dit en

ouvrant une porte : Nous passons maintenant dans des appartements d'un style différent. En effet, je ne fus pas médiocrement surpris de me trouver tout-à-coup dans de beaux appartements d'une gracieuse architecture mauresque.

Du milieu de la deuxième pièce où nous entrâmes, s'élance au plafond qui est fort élevé un frais jet-d'eau, et près de son bassin se trouve placé un bureau de travail chargé de livres et de papiers. « C'est ici, me « dit mon guide, le cabinet de travail de l'infant; « c'est ici qu'il se retire quand il veut être seul. »

En examinant en détail le curieux cabinet du prince, je m'aperçus que les vitres des portes-fenêtres sont en verre dépoli imitant les mailles et les dessins de la dentelle, perfectionnement dont je ne me doutais pas encore.

Dans ce moment-là, mon bienveillant cicérone vint ouvrir la porte-fenêtre près de laquelle j'étais placé et nous passâmes sur un beau balcon ayant vu sur le parc et régnant dans toute la longueur de la façade. Au-dessous de ce balcon, élevé d'un mètre et demi environ au-dessus du sol, se promenaient des sentinelles portant l'uniforme de l'artillerie.

Pendant que je jouissais du charmant coup-d'œil que j'avais sous les yeux, mon guide me dit : « Voilà « le parc; vous êtes libre de vous y promener partout « tant que cela vous sera agréable : personne ne vous « inquiétera. » Puis, regardant sa montre, il ajouta : « Non ! réflexion faite, il me reste une heure dont je « puis disposer, permettez-moi de vous la consacrer

« encore ; je vais avoir le plaisir de vous accompa-
« gner. »

Je le remerciai avec la plus sincère gratitude de
son excessive complaisance, et descendant les degrés
du balcon, nous nous engageâmes sous les verts
ombrages des orangers et des grenadiers chargés de
fruits, dans les fraîches et sinueuses allées de ce beau
parc vraiment royal.

Chemin faisant, je lui demandai la permission de
ramasser une orange tombée qui se trouvait sur mon
passage, afin de la conserver comme souvenir de
ma visite. Non, me dit-il, cette orange ne mérite pas
d'être conservée par vous ; permettez-moi de vous en
offrir une autre que je vous choisirai moi-même, si
vous le voulez bien. Ce disant, il en détachait une
d'un arbre voisin et il me la donnait. Je le remerciai
et je lui dis que je la conserverais à côté de celle que
j'avais cueillie dans les jardins d'Abd-el-Kader.

Il me fit visiter en détail ce magnifique parc, et
après l'avoir parcouru dans tous les sens nous vînmes
aboutir à une porte qui s'ouvre sur la deuxième cour
par où j'étais entré en arrivant.

J'avais compris que mon obligeant compatriote
n'était pas un de ces hommes à qui l'on peut offrir de
l'argent pour payer leur complaisance ; je me conten-
tai donc de le remercier bien cordialement de ses
politesses, le priant de me pardonner tout le déran-
gement que je lui avais occasionné. Il fut aussi poli,
aussi gracieux pour moi au départ qu'il l'avait été à
mon arrivée et nous nous séparâmes. Il rentra au

palais ; je regagnai la cour d'entrée où se trouve le corps de garde et, quelques minutes après, je franchissais la porte de la grille, dont deux heures auparavant les sentinelles m'avaient refusé l'entrée.

J'étais très-satisfait d'avoir visité ce beau palais où j'ai pu me faire une idée des splendeurs et des magnificences de la royauté en Espagne. En sortant, je traversai la route pour rentrer dans le jardin de LAS DELICIAS, car il faisait alors une forte chaleur et je voulais profiter encore une dernière fois de la fraîcheur de ses ombrages.

Du jardin, je passai sur les quais et je les remontai lentement pour jouir plus longtemps du coup-d'œil du fleuve, en rentrant en ville par la porte qui fait face au pont de Triana.

Chemin faisant, je visitai la place DE TOROS, ou les Arènes qui sont très-bien conservées et des plus belles de toute l'Espagne.

De retour à la Fonda, me trouvant un peu las, je fus m'asseoir à l'ombre des orangers, sur l'un des bancs placés non loin de mes fenêtres et pendant que je me reposais, je vis successivement arriver les belles sénoras et sénorétas de Séville, accompagnées de leurs cavaliers. La place de l'infante Isabelle fut bientôt couverte de promeneurs et je ne tardai pas à me confondre à cette nombreuse et brillante population au milieu de laquelle j'étais sans doute le seul français. Pendant que je circulais, perdu dans la foule, je fus témoin d'une démonstration religieuse à laquelle je ne m'attendais pas : l'angélus ayant sonné à la cathédrale, tous les hommes, s'arrêtant spontanément en même temps que les dames, se découvrirent et je m'empressai de m'associer à cet acte de piété en mettant comme eux mon chapeau à la main. La place, que les nombreux becs de gaz et les candélabres éclairèrent bientôt, présenta alors un très-beau coup-d'œil.

Jeudi 14.

J'ai envoyé chercher le guide pour qu'il m'accompagnât dans les pérégrinations qui me restaient à faire dans la ville.

Ma première visite a été pour LA GIRALDA, élégant et svelte monument de l'architecture mauresque.

Cette tour quadrangulaire et élancée qui, depuis le règne d'ABAD, le premier roi maure de Sévile, en 1015, vit passer tant de générations, a 300 pieds d'élévation au-dessus du pavé de la place. L'on y monte non point par un escalier mais par une rampe intérieure dont la pente est si douce et si bien ménagée qu'on peut y monter à cheval. C'est donc sans peine et sans fatigue que je suis arrivé sur la première galerie élevée de 200 pieds, où sont les cloches et où j'en ai compté 25 de grosseurs graduées qui, aux jours des grandes solennités, font un magnifique carillon.

De cette galerie, on arrive par un escalier tournant à celle de l'horloge dont le beffroi est suspendu 100 pieds plus haut que les autres cloches, sous le dôme gracieux qui couronne l'édifice et que surmonte la statue de la Foi, tenant à la main le LABARUM.

Le spectacle dont j'ai joui du haut du clocher de la cathédrale de Cadix est sans doute un des plus magnifiques que le touriste puisse admirer ; mais celui que j'avais sous les yeux du haut de la Giralda, est aussi bien beau. J'avais autour de moi l'admirable panorama d'une ville de 124,000 âmes qui s'étalait sous mes pieds, avec tous ses monuments, ses édifices publics, ses tours, ses clochers, ses blanches maisons à terrasses, son beau fleuve, ses quais où règnent tant d'animation et de mouvement, les bâtiments marchands qui les bordent et le pont qui la relie à ses faubourgs.

Dans toutes les directions, mes yeux se promenaient à perte de vue sur des campagnes d'une luxuriante richesse, à travers lesquelles ils pouvaient suivre, en amont et en aval, le cours sinueux du Guadalquivir. Les plaines qu'embrassaient mes regards, comme presque toutes celles qu'arrose ce beau fleuve, et auxquelles l'admirable ciel de l'Andalousie assure un printemps perpétuel, sont d'une délicieuse fertilité.

J'éprouvai donc beaucoup de peine à me détacher d'un spectacle aussi grandiose qui allait m'échapper sans retour en descendant de ces aériennes galeries, quand mon guide, à qui j'avais tracé l'itinéraire qu'il devait me faire suivre ce jour-là, vint m'avertir qu'il était temps de nous remettre en route pour continuer nos visites.

La seconde que j'ai faite a été celle de l'Alcazar, cette splendide résidence des anciens rois maures, merveilleux monument de leurs grandeurs et du degré de perfection auquel ils avaient porté tous les arts.

Rien de plus élégant, rien de plus riche que ce magnifique palais où tout est admirable et où je marchais de surprise en surprise, en voyant qu'après environ dix siècles il est dans un parfait état de conservation et brille encore de toute sa gloire. J'en ai parcouru les nombreux appartements et je dois renoncer à en peindre et détailler toutes les beautés. Mais j'ai particulièrement remarqué les salons des ambassadeurs et la salle du trône, où les dorures, les peintures et les ornements en stuc des voûtes, des colonnes et des murailles, ont conservé leur éclat primitif. J'ai admiré aussi les sculptures et les ciselures des portes, des colonnes et des voussures qui sont d'une légéreté, d'une finesse et d'une grâce inimitables.

J'ai visité ensuite les cours intérieures et les jardins ainsi que les fontaines qui les décorent; tout y est en harmonie avec les splendeurs du palais.

Pendant que j'en parcourais les appartements, il y eut un moment où me trouvant dans la salle du trône, je ne pus pas contenir mon admiration et je dis à mon guide que, dans le cours de mon lointain voyage, n'eussé-je du voir que l'Alcazar, lui seul suffirait pour me dédommager de toutes les fatigues et des dépenses de la route. Le gardien qui nous

introduisait, devinant mon enthousiasme, demanda
au cicérone ce que je venais de lui dire, et ce dernier lui ayant fidèlement rendu mes paroles, je vis
briller sur sa physionomie un sourire d'amour-propre
national satisfait.

Le duc de Montpensier a longtemps habité ce palais
et j'ai vu sur l'un des murs de l'une des chambres
du rez-de-chaussée, une tablette de marbre sur
laquelle est gravée une inscription qui apprend aux
visiteurs que le jeune infant, fils aîné du prince,
est né au-dessous de l'emplacement où elle est
fixée.

En sortant de l'Alcazar, je suis allé visiter la MAISON
DE PILATE, dont voici l'histoire :

Vers les derniers temps, je crois, du moyen-âge,
un duc de Médina-Céli envoya à Jérusalem son architecte, avec la mission d'y lever le plan exact de la
maison de Pilate dans toutes ses parties, et d'amener
avec lui, à son retour, les ouvriers nécessaires pour
en construire une toute semblable. L'architecte fit
son voyage, il leva le plan, il amena des ouvriers,
la maison fut construite; c'est celle que j'ai par-
courue.

Elle est orientée comme celle de Jérusalem. L'on
y entre par un vestibule où se tenaient les serviteurs
et les gardes du procurateur de la Judée. De cette pièce
l'on passe dans la salle où J.-C. fut interrogé pour la
première fois, près de laquelle se trouve celle où il
parut pour la deuxième fois devant Pilate, en revenant de chez Hérode. Après ces deux salles, j'en ai

visité une troisième assez vaste, au centre de laquelle
s'élève une colonne de marbre grisâtre de la hauteur
d'un mètre environ. Cette salle est celle où le Sauveur
subit les tourment de la flagellation ; la colonne est
celle à laquelle il fut attaché. On célèbre la messe
dans cette salle le jour du vendredi-saint. Enfin, j'ai
fait également une visite de pieux souvenir à la salle
que J.-C. traversa, conduit par Pilate, quand, après
la flagellation, ce faible et inique juge fut le montrer
au peuple du haut du balcon de l'Ecce Homo. Ce balcon, sur lequel s'ouvre une fenêtre de médiocre
dimension, donne sur une place que j'ai traversée
pour le voir extérieurement et d'où il a une assez
triste et assez mesquine apparence.

En sortant de la maison de Pilate, j'ai successivement visité la Bourse, construction assez remarquable tant à l'intérieur qu'à l'extérieur ; puis le Musée
dont les fenêtres s'ouvrent sur une fort jolie place,
ombragée par de beaux arbres, et dans lequel j'ai vu
une collection de tableaux précieux de Murillo et
autres artistes de l'école espagnole. L'on y conserve
aussi de belles antiquités.

Enfin, j'ai visité en dernier lieu l'église de l'hospice
de la Charité, dont le pourtour est décoré de tableaux,
dont mon guide m'a beaucoup fait ressortir le mérite,
me faisant même monter dans la chaire pour mieux
en juger. Parmi ces tableaux, qui sont tous de grandes dimensions, j'en ai remarqué deux qui frappent
tous les visiteurs. L'un est l'œuvre de Murillo ; l'autre
est celle d'un de ses émules dont le nom m'échappe.

5*

Les deux artistes s'étaient porté un défi. C'était à qui des deux ferait le tableau de la mort dont l'effet serait le plus saisissant. Ils se mirent à l'œuvre; chacun, selon les inspirations de son génie, peignit dans des proportions naturelles, cette affreuse et dernière catastrophe de la vie humaine; c'étaient ces lugubres spectacles que j'avais devant les yeux.

Le premier de ces tableaux, à gauche en entrant dans l'église, représente le squelette de la mort armé de sa faulx qu'il porte de la main gauche. Sous son bras, du même côté, il est chargé d'un cercueil; et, de sa main droite, il éteint le flambeau de la vie d'un mourant que l'on voit se débattant dans son lit, sous les étreintes et dans les dernières convulsions de l'agonie. Le squelette foule sous ses pieds les splendides insignes de la royauté, confondus pêle-mêle avec tous les vains débris des pompes et des grandeurs de ce monde. Ce tableau est un des chefs-d'œuvre de Murillo.

Le deuxième, placé à droite, vis-à-vis celui que je viens d'essayer de décrire, est d'un horrible et saisissant effet.

L'artiste transporte le spectateur sous la voûte sinistre d'un caveau funéraire.

Sur le sol humide du caveau, repose un cercueil ouvert, dans lequel est étendu le corps d'un archevêque, la mitre en tête, la main sur sa crosse et revêtu de tous ses ornements pontificaux. Ici, je devrais peut-être m'arrêter dans ma description. J'hésite à raconter dans leur hideuse vérité, tous les

détails lugubres de ce funèbre tableau où la mort,
dans son domaine, est surprise sur le fait, dans son
horrible travail de dissolution et de décomposition du
corps humain. Je dirai donc seulement que l'on voit
les immondes reptiles et insectes des tombeaux, ram-
per sur ces restes purulents qu'ils ont à moitié dévo-
rés et sur ces riches habits pontificaux qu'ils souillent
de leur dégoûtant et affreux contact.

Je dirai encore que, sur les planches du cercueil
moisies par l'humidité, l'on n'aperçoit plus que quelques lambeaux pourris, misérables restes du velours
qui les recouvrait autrefois et qui laissent voir les
têtes rouillées des clous qui fixent ces planches les
unes aux autres. Ce tableau, si beau avec toute son
horreur, assura dans le temps le triomphe de l'artiste
sur Murillo.

Le soir, pour achever de visiter ce qui me restait
à voir dans la capitale de l'Andalousie, je suis allé à
l'opéra. La salle est grande, belle et élégamment
décorée. Pour pouvoir mieux embrasser tout le coup-
d'œil, j'avais pris une place de parterre et je m'en
suis doublement félicité, car chaque spectateur y est
très-confortablement assis dans un fauteuil à la vol-
taire en marocain rouge. On me remit en entrant le
n° de celui que je devais occuper : c'était le neuvième
de la septième file et un garçon de salle m'y conduisit
quand on reconnut que j'étais français. Je m'installai
de mon mieux dans mon *assiento* ; la salle se remplis-
sait à vue d'œil ; une élégante sénora, accompagnée
de son mari, vint se placer à ma gauche et un jeune

sénoréto à ma droite. Pendant ce temps là, une
sénora, son mari et deux jeunes sénorétas, leurs
filles, âgées de 16 à 18 ans, entraient dans la sixième
file. L'une des jeunes filles prit place dans le fauteuil
n° 9, correspondant au mien, et sa sœur dans le 8me,
entre leur père et leur mère. Bientôt je me trouvai
entouré d'une élégante et charmante société ; mais
faute de comprendre et de parler l'espagnol, je fus
réduit à garder le silence ou à ne répondre que timidement et par monosyllabes, aux questions que
m'adressaient ma voisine de gauche et mon voisin de
droite.

Bientôt la salle présenta l'aspect le plus brillant
et le plus animé. Les brunes et belles Andalouses
à l'œil noir s'y montraient dans tout le piquant éclat
de leur riche, élégant et gracieux costume national,
modifié cependant par la crinoline et quelquefois par
le chapeau de nos dames françaises qui, peut-être,
voudrait timidement essayer de remplacer la *résille*.
J'ai remarqué avec quelle grâce elles manient l'éventail et mon oreille était agréablement caressée
par le frôlement inimitable qu'elles savent si bien
produire avec ce national et traditionnel complément
de leur toilette.

Au milieu de cette belle et brillante population
Sévillane, j'étais absorbé par mes observations de
voyageur et d'étranger, quand, tout-à-coup, une
harmonieuse musique est venue me tirer de mes
réflexions. Un nombreux et habile orchestre commençait l'ouverture d'un opéra national dont j'ai
oublié le nom.

Bientôt après, la toile s'est levée, et sur une scène aussi vaste que brillante, j'ai vu successivement paraître, dans les plus riches costumes, des artistes qui ont été chaudement applaudis. Les chants surtout de deux femmes dans tout l'éclat de leur jeunesse et de la beauté, ont enlevé tous les suffrages, y compris les miens bien entendu, qui étaient probablement ceux du seul français présent dans cette nombreuse assemblée.

En sortant du théâtre, j'avais vu tout ce qu'il y a de curieux à visiter à Séville, et ce n'aurait été qu'à peu près sans objet important que j'y aurais prolongé mon séjour; je me décidai donc à me remettre en route le lendemain matin, pour continuer mes pérégrinations à travers la péninsule Ibérique.

En résumé, Séville est une grande, belle et riche cité, bien digne d'être la reine de la superbe Andalousie. Une tache cependant ternit l'éclat dont elle brille : c'est l'état déplorable dans lequel l'administration municipale abandonne les trottoirs et les pavés de ses rues. Il n'y a pas en France de pauvre et obscure petite ville dont les pavés soient aussi mauvais ; mais la population n'a pas l'air de s'en apercevoir.

Vendredi 15.

Je suis parti pour Cordoue à 8 heures moins un quart du matin, dans l'une des diligences de Madrid, emportée par dix mules. Aussi, au début du voyage,

les roues brûlaient-elles les pavés de la ville et le
macadam de la route ; mais cela ne devait pas continuer de même jusqu'au terme ; notre course devait
bientôt se ralentir.

Ainsi que je l'ai dit, la campagne qui entoure
Séville est d'une admirable fertilité quoique l'agri-
culture y soit un peu négligée ; je ne me lassais donc
pas d'en voir les belles récoltes, les superbes orangers et grenadiers, les oliviers et les figuiers chargés de fruits.

Mais après environ une heure de route, ce ne fut
pas sans une pénible impression de surprise que je
commençai à remarquer qu'à mesure que l'on s'éloi-
gne de cette ville, tout ce luxe de cultures et de
récoltes va s'affaiblissant insensiblement jusqu'à ce
qu'il finisse par disparaître tout-à-fait. Nous traversâmes alors une plaine sans culture, couverte de
palmiers nains et de cactus. Alors reparurent aussi
les misérables gourbis ; et des riantes et fertiles plaines de l'Andalousie, je me crus tout-à-coup transporté
de nouveau dans les plaines désertes de l'Afrique que
je venais de quitter.

C'est ainsi que nous arrivâmes à CARMONA, ville de
20,700 habitants, située sur le CARBONÈS, à 27 kilomètres à l'est de Séville et traversée par la route. Aux
approches de cette cité, la culture reparait assez
soignée et l'on y voit un charmant et riche vallon
couvert aussi de beaux orangers, de grenadiers et
d'oliviers.

En sortant de la ville, la route descend dans un

vaste bassin qu'elle traverse dans toute sa longueur, au-delà duquel elle remonte sur un grand plateau où elle est interrompue et où les diligences, comme dans les plaines désertes de l'Afrique, roulent péniblement à l'aventure sur un sol mouvant et sablonneux, à travers les touffes de palmiers nains qui l'envahissent.

Samedi 16.

Après avoir également traversé en passant CAROLINA, petite ville parfaitement inconnue et que les touristes et les géographes n'ont pas honorée de la moindre mention, nous arrivâmes, vers 4 heures et demie du soir, à Ecija où nous nous sommes arrêtés pendant environ deux heures.

ECIJA, ville qui renferme une population de 35,000 âmes, est située sur le XÉNIL, à 40 kilomètres de Cordoue. Elle est embellie par une place ornée de portiques et par une jolie promenade ; mais la chaleur y est si forte pendant l'été qu'on la nomme le *Poële de l'Espagne*. C'est, dit-on, une ville de beaucoup d'activité, d'industrie.

La nuit commençant à devenir complète quand nous passions le pont du Xénil en nous remettant en route, il m'a tout-à-fait été impossible de voir les autres pays que nous avons traversées avant d'arriver à Cordoue.

Dimanche 17.

A une heure du matin, j'arrivais dans la ville de Gonzalve et je descendais de la diligence à la porte de la Fonda-de-Rizzi, la principale de la ville, où je me suis logé.

Après avoir pris un peu de repos et entendu la messe, j'ai commencé mes excursions avec un temps toujours superbe.

Cordoue est une grande ville de 57,000 habitants, située sur la rive droite du Guadalquivir qui baigne et rafraîchit ses promenades. Elle est à 295 kilomètres de Madrid.

En y arrivant du côté de Séville, il faut traverser un des faubourgs qui est séparé de la cité par le Guadalquivir. On passe le fleuve sur un beau pont de 16 arches, ouvrage des maures et l'on se trouve à l'une des portes de la ville qui est entourée de remparts construits par Abdérame Ier.

Une chose frappe et surprend le voyageur qui visite Cordoue, c'est le peu d'activité, de mouvement et de vie qui attriste les abords et l'intérieur de cette grande ville, l'ancienne capitale des califes d'Occident, l'ancienne ville sainte des maures d'Espagne.

J'ai traversé plusieurs fois le fleuve en allant de la ville au faubourg et en revenant du faubourg à la ville; eh bien! sur le pont qui les relie et qui est la seule voie de communication qui existe, soit pour les relations des deux rives, soit pour le service de la route de Cadix à Madrid; sur ce pont, dis-je, je n'ai jamais rencontré que de très-rares passants qui n'étaient guère que des habitants de la campagne et du faubourg.

A l'extrémité du pont, près de la porte de la ville, à la garde de laquelle ne veille aucune sentinelle, car il n'y a point de garnison à Cordoue, l'on ne rencontre, comme à l'entrée des villages, que quelques enfants qui jouent et des poules dont les perchoirs sont appuyés à la porte elle-même. L'on franchit la porte; l'on se trouve sur une place et l'on n'y aperçoit encore que des gallinacées et des canards qui y règnent comme dans leur domaine, comme dans la basse-cour de certaines fermes où il y a autant et peut-être souvent plus de mouvement que sur cette place. Elle se trouve cependant à l'entrée principale d'une ville de près de 60,000 âmes. Il est bien certain que si en y mettant le pied on n'avait pas en face de soi, à 30 pas de distance, l'une des façades de la magnifique cathédrale et à sa gauche le palais épiscopal, on croirait entrer dans un triste village; car, les rues qui débouchent sur cette place pauvre, déserte et de très-petites dimensions. sont aussi fort peu animées et peu dignes d'une grande ville.

Contrairement à Cadix et à Séville, cités de la même province, qui gagnent tous les jours davantage sous le rapport du luxe, des usages et des progrès en tous genres, Cordoue a conservé ses habitudes

6

et sa physionomie mauresques. Ses rues sont en général assez propres, mais longues, étroites, tortueuses, désertes et mal pavées. Les maisons qui les bordent sont très-confortables et fort belles intérieurement; mais comme l'on ne trouve des magasins proprement dit, que dans de rares quartiers, il s'en suit que généralement les maisons ne présentent au rez-de-chaussée que des fenêtres grillées et des grandes portes rarement ouvertes, ce qui donne à cette ville un aspect de tristesse qui saisit et désenchante le touriste.

J'ai parlé des magasins que l'on voit dans certains quartiers; mais il ne faut pas s'attendre à y trouver de ces beaux et riches magasins qui rivalisent avec ceux de nos grandes villes et qui sont si nombreux à Cadix et à Séville. Je n'en ai pas vu un seul. Ces magasins sont généralement aussi pauvres et aussi tristes que le chétif commerce local qui s'y fait. Ils sont occupés par des barbiers, des épiciers, des bourreliers, des tailleurs, des maréchaux-ferrants, des pharmaciens, deux bureaux de diligences, quelques modistes et des cordonniers. Je n'y ai pas vu un seul beau café.

Quant aux nombreuses sénoras et sénorétas qui habitent Cordoue et dont la réputation de beauté est si justement célèbre, elles sortent fort peu. Elles laissent désertes les promenades des bords du Guadalquivir et l'on ne peut les apercevoir dans les rues que les dimanches et fêtes aux heures des offices, ou bien encore les jours et aux heures du spectacle. Ces

jours-là, la population circule nombreuse et élégante,
les équipages roulent dans les rues.

J'avoue donc franchement que, parmi les nombreuses villes que j'ai visitées, soit en Algérie, soit
en Espagne, Cordoue est la seule où j'ai été saisi par
l'ennui au point d'en être réduit à aller aux bords du
fleuve me reposer sur le gazon à l'ombre des saules
et des peupliers. Là, tout en regardant le Guadalquivir diriger tranquillement son cours du côté de
Séville, j'essayais de charmer mes loisirs en évoquant
les *chastes nymphes* de ses rives que Florian avait
invoquées avant moi.

Il est temps cependant, pour être juste envers
Cordoue, de dire un mot de sa cathédrale, ce monument magnifique de l'architecture mauresque.

C'est une ancienne mosquée fondée au 8ᵉ siècle
par ABDÉRAME Iᵉʳ, calife d'Occident, premier roi de
Cordoue, mais qui ne fut achevée que sous le règne
du calife HACCHAM, son fils et son successeur. Après
l'expulsion des Maures, les Espagnols l'ont appropriée
et consacrée au culte catholique dont elle est une des
plus superbes basiliques.

Ce majestueux monument de la magnificence, des
richesses, de la puissance et du goût pour les arts de
son fondateur, a 200 mètres de long sur 83 de large.
Il présente 29 nefs dans sa longueur et 19 dans sa
largeur; il est soutenu par environ 400 colonnes de marbre, de jaspe et d'albâtre, et renferme
74 autels. Je dois renoncer à donner les détails de
toutes ses merveilles et de ses magnifiques boiseries

dont les sculptures sont admirables comme celles des cathédrales de Cadix et de Séville.

De cette splendide et majestueuse église dépend une immense cour intérieure, plantée d'environ 200 magnifiques orangers dont un grand nombre présentent des troncs de 1 mètre 50 centimètres de circonférence. Dans l'allée du milieu, jaillit une abondante fontaine où les maures venaient, il y a mille ans, faire leurs ablutions et où je me suis désaltéré. Elle est ombragée par deux énormes palmiers que j'ai vu chargés de magnifiques régimes de dattes et sous lesquels ont passé de bien nombreuses générations. Les orangers étaient également couverts d'oranges et j'en ai cueilli une que je conserve comme souvenir avec celles des jardins d'Abd-el-Kader et de l'infant duc de Montpensier. Comme j'allais me retirer, j'ai vu arriver trois autres voyageurs qui venaient aussi visiter cette belle promenade, laquelle est aujourd'hui livrée au public mais dont, je crois, on ferme les portes tous les soirs.

En résumé, si Cordoue présente moins d'attraits et d'agréments aux touristes que Cadix et Séville, elle les dédommage en leur tenant en réserve sa superbe cathédrale qu'elle leur montre avec orgueil, et ces mêmes voyageurs sont forcés de lui envier son beau ciel, son délicieux et admirable climat, ses superbes orangers, la fertilité de ses campagnes.

J'avais tout vu dans la troisième ville importante de l'Andalousie ; il ne me restait plus qu'à préparer mon départ.

Lundi 18.

Je suis parti pour Madrid à minuit, dans l'une des deux diligences venant de Séville. En montant dans l'intérieur, j'y ai trouvé pour unique compagnon de route, un Français, un Béarnais qui, depuis plusieurs années, tient une auberge dans une petite localité des environs de Cordoue et qui allait faire une visite à sa famille. La compagnie de ce brave et honnête compatriote, qui a toujours été plein d'égards pour moi, m'aurait été infiniment plus agréable s'il n'avait pas eu au moins l'un de ses pieds dans la vigne du Seigneur, ce qui m'a valu de sa part quelques chansons des environs de Pau, d'un air parfaitement monotone et aux paroles desquelles je n'ai pas compris grand chose. Quand sa légère teinte de gaieté a eu disparu, il a toujours été assez convenable, me demandant de temps en temps la permission de fumer une pipe, permission que je lui ai toujours gracieusement accordée. Au reste, cet enfant des Basses-Pyrénées, grand et bel homme d'environ 45 ans, portant le costume et le *sombrero* espagnols, a été pour moi un utile compagnon de voyage, dans le long trajet de 300 kilomètres que nous avons fait ensemble de Cordoue à Madrid. Il avait soin de me faire connaître le nom des villes et des petites localités où nous nous arrêtions en route, et, dans nos rapports avec les gens du pays, il se croyait obligé de prendre la parole pour deux et de me servir d'interprète, services dont je l'ai bien sincèrement remercié quand nous nous sommes quittés.

Nous avons passé ce jour-là en route, d'une manière assez intéressante pour mon voyage de touriste et j'en conserve un bon souvenir. Après avoir vu LA CARLOTA, petite ville à 25 kilomètres de Cordoue, et peuplée de 3,000 habitants, français et savoisiens d'origine, nous avons aussi successivement traversé d'abord BAYLEN, ville de 2,550 âmes; puis LA CAROLINA, autre petite ville de 3,000 habitants; les deux dernières au pied de la SIERRA-MORÉNA, toutes trois de peu d'importance.

Mais dans l'après-midi, nous avons franchi les gorges vertes et pittoresques de la SIERRA-MORÉNA qui sont assez curieuses, en général bien boisées et où l'on rencontre quelques jolis villages.

La route qui est en partie tracée à travers les bois peu élevés qui couvrent les flancs des montagnes, est belle et bien entretenue; mais nous avions quitté le beau ciel de l'Andalousie et j'y ai éprouvé une légère impression de froid occasionnée sans doute par quelques gouttes de pluie.

Mardi 19.

Nous avons également passé en route ce jour tout
entier, et nous avons encore rencontré sur notre
passage beaucoup de localités sans importance et de
petites villes, entre autres celle de Mançanarez.

Vers cinq heures du soir, nous arrivions à Aranjuez, dans la province de Tolède. Cette ville, située
sur la rive gauche du Tage, à 44 kilomètres de
Madrid, est peuplée de 9,000 habitants. La cour y
passe plusieurs mois de l'année dans les superbes
palais et parcs royaux auxquels Aranjuez donne son
nom. Les infants et le duc de Médina-Céli y ont aussi
de belles résidences.

Là, la diligence qui nous avait amenés et celle qui
la suivait à quelque distance entrèrent dans la gare
du chemin de fer pour y attendre le départ du convoi
qui devait les emporter à Madrid. Les voyageurs des
deux voitures se réunirent à la même table, nous y
fîmes un assez bon dîner et nous repartîmes ensuite
à toute vapeur.

Le chemin de fer traverse le parc royal dont bientôt
les portes s'ouvrirent pour livrer passage au train et
je pus admirer par un superbe clair de lune et à la
clarté des becs de gaz, le palais, ses jardins, ses
bosquets, ses pièces d'eau, ses ponts élégants, ses
belles allées bordées d'arbres majestueux et leurs

magnifiques ombrages. Cette partie du voyage, à
travers les splendeurs de la résidence royale, avait,
à cette heure-là, quelque chose de féerique et de très-
curieux. .

Il était onze heures du soir, quand nous arrivâmes
à la gare où neuf chevaux attendaient notre diligence ;
bientôt après elle roulait sur les pavés.

Nous venions d'entrer à MADRID. En descendant de
voiture, je me dirigeai, avec un voyageur français
dont j'avais fait la connaissance à Aranjuez et qui
venait à Madrid pour la troisième fois, vers un hôtel
garni situé Calle-de-Carretas, où il était dans l'habitude de loger.

La maîtresse, qui est une jeune et gracieuse
sénora parlant fort bien français, me donna une belle
chambre où je trouvai un fort bon lit et je passai une
excellente nuit dans la capitale de la monarchie
espagnole.

Mercredi 20.

J'ai salué le lever du soleil dans cette grande ville
peuplée d'environ 300,000 mille habitants et située
dans la nouvelle Castille, sur la rive gauche du
MANÇANAREZ.

Pendant que je déjeûnais, j'envoyai chercher le
guide attaché à l'hôtel. Il arriva, je lui donnai mes
instructions et nous nous mîmes en route.

La première chose que fit mon cicérone, quand nous fûmes seuls, ce fut de se retourner de mon côté et de me montrer avec orgueil la médaille de Sainte-Hélène qui décorait sa boutonnière et à laquelle je n'avais pas pris garde. Je lui dis alors : vous êtes un brave ; vous avez servi le Grand-Homme. « Oui, « Monsieur, me répondit-il ; je suis italien et je l'ai « servi en Italie. »

Nous fûmes d'abord visiter le musée, où j'ai admiré bien des richesses des arts, soit en peinture, soit en sculpture.

En sortant de ce curieux établissement, nous parcourûmes les plus belles rues de la capitale et entre autres la rue de Tolède qui aboutit à la porte de ce nom. En dehors de cette porte, l'on jouit d'un gracieux coup-d'œil et l'on a sous les yeux une immense promenade plantée en quinconce qui s'étend par une pente douce jusqu'aux bords du Mançanarez. La grande route de Tolède qui la traverse aboutit en ligne droite à un joli pont qui porte le même nom.

En rentrant à Madrid, nous parcourûmes encore, dans toute son étendue, cette longue rue de Tolède, dans laquelle il règne beaucoup de mouvement et qui est très-commerçante. Vers le milieu à peu près de sa longueur, et sans que pour cela elle change de nom, elle est coupée par une grande place qui est la Plaza Mayor, sur laquelle j'ai vu beaucoup de mouvement et une nombreuse population. C'est sur cette place que se tient chaque jour le principal marché ; c'est là que tout afflue des campagnes voisines ; c'est là aussi que tous les marchands des marchés secondaires de la capitale viennent s'approvisionner.

Çette rue qui est d'une largeur variable et qui, dans sa longueur, présente des ondulations de terrain assez fortes, se prolonge de la porte de Tolède à l'arc de triomphe d'Alcala, auquel viennent également aboutir les rues d'Atocha et d'Alcala.

Arrivés à l'arc de triomphe qui n'a rien de remarquable, mon guide et moi prîmes les rues qui se trouvaient à notre gauche pour nous diriger du côté du vieux Madrid et du palais de la reine. Chemin faisant, nous traversâmes une petite place sur laquelle mon compagnon me fit remarquer un vieux bâtiment flanqué d'une tour tronquée, bâtiment et tour presque sans fenêtres, de sinistre aspect et dans lesquels on entre par une porte basse et cintrée. Ce lugubre bâtiment est une ancienne prison. C'est celle dans laquelle Charles-Quint fit conduire et enfermer notre brave roi François Ier, après sa défaite de Pavie. J'ai vu la porte sous laquelle il a passé et la fenêtre grillée qui donne du jour à la chambre qu'il occupait.

Bientôt après, nous arrivâmes sur une autre place dont l'un des côtés est décoré d'un beau bâtiment. C'est l'ancien palais du conseil des Indes, où se sont autrefois agités de bien grands intérêts, qui a renfermé bien des richesses, mais dont j'ignore aujourd'hui la destination.

Nous ne tardâmes pas à passer devant un vaste hôtel qui n'a pas beaucoup d'apparence extérieure, c'est celui de l'ambassadeur de France.

Cette partie de la ville est assise sur un plan fort
incliné qui forme les abords d'un ravin profond dont
les flancs et le fond sont occupés par une masse triste
et noire de bâtiments pauvres, délabrés et enfumés,
d'architecture mauresque ; c'est le vieux Madrid que
nous étions venus chercher ; c'est le Madrid des
Maures de 1109, qui m'a rappelé certains noirs et
laids villages de l'Afrique.

En suivant la déclivité du sol, nous descendions
insensiblement du plateau où la ville est assise et au
bord duquel s'élève majestueusement le nouveau
palais de rois.

Entre ce plateau et les rives du Mançanarez, sous
les fenêtres du palais, s'étendent, en pentes douces
et en terrasses, de frais et gracieux jardins qui sont
ouverts au public et que j'ai traversés en allant faire
une visite au modeste cours d'eau que l'on calomnie.

On tourne fort mal à propos le Mançanarez en
dérision, quand on le traite de rüisseau sans eau qui
ne mérite pas les honneurs des beaux ponts sur
lesquels on le traverse. Je l'ai vu de très-près ; je l'ai
passé et repassé sur le pont de Ségovie qui a trois
arches et débouche sur la route de ce nom, vis-à-vis
la grille qui ferme l'entrée de la Casa del Campo,
l'une des villas de la reine. Eh bien ! je ne dirai pas
et je n'ai pas la prétention de soutenir que c'est une
rivière importante comme l'Allier, la Saône ou l'Isère,
mais ce n'est pas non plus un ruisseau dont le lit soit
presque toujours à sec, et qui, ainsi qu'on l'a dit, ne
mérite pas les honneurs de ses ponts. Quand je l'ai

vu, il y avait six mois que les pluies n'avaient pas
enflé son cours et cependant il y avait encore un
volume d'eau assez considérable.

Vu de la rive droite, le palais produit un majestueux
effet, et la gauche, celle ducôté de la ville, présente
toujours un coup-d'œil fort animé. C'est là que sont
disposés, à la suite les uns des autres et sur une
longue étendue, les nombreux établissements de
blanchisseurs que nécessitent la population et le luxe
des habitants d'une grande et riche capitale. Je suis
entré dans un de ces établissements; je m'y suis
promené; j'ai visité les modestes salles où l'on mange
et j'ai fait une étude de mœurs en surprenant les
lavandières Madrilènes dans le négligé, le sans-
façon et le laisser-aller naturels à leur genre de
vie.

En sortant, nous reprîmes le chemin de la ville
et, comme il avait plu pendant la nuit, il y avait une
grande quantité de boue aux abords de la porte de
Ségovie, par laquelle nous allions rentrer. Afin d'évi-
ter de maculer les parties inférieures de mon pantalon
noir, j'avais pris le moyen de les relever quand, avant
d'arriver à la porte, nous fîmes la rencontre de deux
charmantes jeunes filles accompagnées de leur mère,
lesquelles arrivaient du côté opposé et se disposaient
comme nous à rentrer en ville. Comme à moi, la
boue leur avait fait prendre des précautions pour
garantir leur modeste toilette; elles avaient relevé
leurs robes, comme j'avais moi-même relevé mon
pantalon, et me permettaient ainsi tout naturellement

et sans aucune coquetterie de leur part, d'admirer quatre jambes bien fines et de jolis pieds chaussés de bas bien blancs. Nos yeux s'étant rencontrés, nous nous prîmes à rire de notre embarras commun et celle à côté de laquelle je pataugeais, me prenant sans doute pour un compatriote, se mit à me plaisanter sur la contrariété que j'éprouvais et sur les précautions que je prenais.

J'avoue que, dans ce moment-là, je regrettai beaucoup de ne pas savoir parler l'espagnol, pour pouvoir lui répondre sur le même ton. Je ne pus donc que m'excuser auprès d'elle en essayant de lui dire de mon mieux, *io francèse*. Quelques secondes après, nous arrivions sous la porte et nous nous séparions pour ne plus nous revoir, prenant chacun des directions différentes.

Mon guide et moi, nous remontâmes une jolie promenade bordée d'arbres et de trottoirs qui conduit par une pente bien ménagée sur le plateau au bord duquel s'élève majestueusement le palais royal et ses vastes dépendances qui dominent la promenade.

Nous suivions le trottoir de gauche qui longe un mur de clôture assez élevé; nous avions fait environ 150 pas, quand nous nous trouvâmes devant une porte en grilles de fer, ouverte à deux battants. C'est celle d'un beau parc appartenant à Sa Majesté et que j'ai visité en passant. J'y ai vu l'appareil et la machine qui font monter les eaux sur le plateau de la ville. Dans de vastes et fertiles prairies qui forment un joli vallon, j'ai vu paître de belles et nombreuses vaches

qui, je crois, sont originaires de la Suisse. J'y ai vu
enfin, de grands et beaux jardins potagers et d'agré-
ment que j'ai parcourus en toute liberté.

Arrivés à l'extrémité d'une allée, dans la partie
supérieure du parc, une porte ouverte s'est rencon-
trée devant nous ; nous l'avons franchie et nous nous
sommes trouvés sur une place présentant un plan
incliné, sur laquelle débouchent plusieurs rues. Nous
avions alors devant nous l'entrée proprement dite de
la ville haute, à notre droite les bâtiments occupés
par les gens de service attachés aux écuries de la
reine, à notre gauche une belle caserne et un parc
d'artillerie à pied. Au moment où nous allions entrer
et nous engager dans les rues, je remarquai sur la
gauche et appuyé contre un mur d'enceinte, un petit
bâtiment assez simple qui n'est composé que d'un
rez-de-chaussée. Ce pavillon est entouré d'une légère
palissade en treillis et de quelques massifs de fleurs.
Ayant vu au-dessus de la porte un bel écusson aux
armes royales, je demandai à mon guide ce que
c'était que cet établissement, et il me répondit :
« C'est là que l'on vend le lait qui provient des vache-
ries de Sa Majesté. »

Nous nous dirigeâmes alors vers la droite et nous
entrâmes dans une rue en pente, bordée à droite par
le bâtiment occupé par les gens attachés au service
des écuries de la reine. A l'extrémité de la rue qui
débouche sur la place royale, le guide me fit remarquer un beau palais, ayant façade sur la place et
sur la rue. Ce palais est celui que Godoy, l'ancien

prince de la Paix, avait eu l'audace de faire élever en
face de celui de son maître, me dit le cicérone, en me
montrant de la main, sur la même place, le palais
des rois d'Espagne ; mais, ajouta-t-il, le gouvernement s'en est emparé.

Un peu plus haut et sur la même ligne, se trouve
le palais du Sénat dont la façade et l'extérieur n'ont
rien de remarquable.

En remontant la pente d'une autre place sur laquelle
nous entrions et dont j'ignore le nom, mon cicérone
me fit arrêter devant un nouveau palais situé sur la
façade opposée à celle que nous longions. Ce palais,
de construction toute récente, séparé de la place par
une cour fermée d'une grille en fer, présente l'aspect
du ravage et de la dévastation. Les marches et les
colonnes du perron sont mutilées ; les persiennes et
toutes les vitres sont brisées ; les murs sont criblés
de balles et d'autres projectiles et sur l'un des piliers
de la porte de la grille j'ai lu un écriteau portant ces
mots : ISTA CASA SE VENDE. Ce palais, c'est celui que
Marie-Christine s'est fait construire, et c'est la fureur
populaire qui y a exercé ces ravages le jour où elle
quitta Madrid.

En nous éloignant de ce palais abandonné, dont la
gloire a été si passagère et qui, après avoir brillé de
toutes les splendeurs de la royauté, est aujourd'hui
destiné à être vendu, nous nous rendîmes sur la
place du Palais-Royal, où est située la résidence
royale.

Ce palais, de construction moderne, entièrement

isolé, et qui, à l'extérieur, présente l'aspect d'un immense quadrilatère, s'élève à l'extrêmité du plateau sur lequel Madrid est assis.

Sa principale façade regarde le sud-est. Celle du sud-ouest est celle qui jouit du plus beau coup-d'œil. Des appartements royaux, la vue plonge sur les charmants jardins en pente douce qui aboutissent au Mançanarez et embrasse sur une longue étendue le cours de la rivière et la route de Ségovie. En delà de l'une et de l'autre, elle s'étend enfin sur la campagne et sur la Casa del Campo.

La façade qui se présentait à nous en arrivant sur la place, c'est celle du nord-est, dans laquelle s'ouvre l'une des entrées secondaires de la demeure royale; c'est vers cette porte que nous nous dirigeâmes. Elle est toujours gardée par deux cavaliers et deux fantassins qui tous les quatre étaient dans leurs guérites respectives et qui nous laissèrent bien librement passer. Nous traversâmes une voûte sous les appartements du premier étage et nous nous trouvâmes dans une cour intérieure de dimension carrée, entourée d'une colonnade où s'élève, entre chaque colonne, la statue colossale, en marbre blanc, d'un empereur Romain. J'ignorais qu'il fut interdit aux visiteurs de rester stationnaires et j'étais arrêté devant celle de l'empereur Antonin, quand un sergent du poste m'invita à continuer ma promenade. Nous achevâmes le tour de la cour et ayant traversé l'un des passages que l'on rencontre à deux des angles et sous lesquels sont les escaliers de service, nous nous trouvâmes dans la cour d'honneur, tournant le dos à la principale façade du palais dont nous avions à notre droite la principale entrée. Elle se trouve sous un péristyle et se compose de trois portes dont la plus belle, celle du milieu, ne s'ouvre que pour donner passage à S. M. Catholique.

Après avoir admiré les colonnes et les sculptures de cette façade, je promenais mes regards sur les croisées du premier étage qui sont celles des appartements de LL. MM., quand un roulement de voiture se fit entendre derrière moi. Je me retournai, c'était en effet une voiture à deux chevaux qui entrait dans la cour d'honneur et qui vint s'arrêter devant le péristyle à quatre pas de moi. Un domestique en livrée quitta son siége, vint ouvrir la portière et je vis descendre un officier général en grand uniforme, portant un cordon rouge en sautoir, la poitrine chamarrée de décorations et coiffé d'un chapeau galonné, orné de plumes blanches. Il monta les marches du perron, un valet du palais ouvrit devant lui une des portes latérales et il disparut. C'était le premier ministre, maréchal O'Donnel qui venait prendre les ordres de la reine. Il était midi.

Le coup-d'œil dont on jouit de cette cour est fort beau. C'est à peu-près le même que celui de la façade sud-ouest. J'ignore pour quel motif les arcades qui la décorent à droite et à gauche et qui sont d'un très-bel effet, ne sont pas terminées du côté du sud-ouest.

C'est par celles du côté opposé que nous sortîmes

.6*

de l'enceinte du palais et nous nous retrouvâmes sur la place du Palais-Royal.

Le centre de cette place immense est occupé par de jolis jardins ornés de fontaines, des statues de plusieurs rois de la monarchie et d'un grand nombre de candélabres au gaz. Ces jardins, ainsi que ceux qui s'étendent sous le palais jusqu'au Mançanarez, ont été plantés par les ordres de Marie-Christine.

Sur la façade opposée de la place, en-delà des jardins dont je viens de parler et faisant face à la demeure royale, s'élève le principal des trois théâtres de la capitale, grand et vaste bâtiment qui, extérieurement, n'a rien de remarquable, mais qui forme à lui seul tout un côté d'une rue dans laquelle nous entrâmes.

Bientôt nous arrivâmes sur une grande place à peu près circulaire, dont presque toutes les façades sont en reconstruction, sur laquelle il règne un grand mouvement de population et où j'ai vu de fort beaux et riches magasins.

Nous voici à la Puerta del Sol, me dit alors mon guide. Comment ! lui répondis-je, est-ce que la Puerta del Sol n'est pas l'une des portes de la ville qui regarde l'Orient et que le soleil levant vient frapper de ses premiers rayons ?

« Non Monsieur, me dit-il. Votre étonnement à
« cet égard ne me surprend pas ; tous les touristes
« que j'ai l'honneur d'accompagner partagent votre
« erreur ; ils me font comme vous la même question ;

« comme à eux, je vous réponds que nous sommes
« bien à la Puerta del Sol. »

Il m'expliqua alors que la place n'avait pas toujours
été dans l'état où je la voyais, que, dans des temps
déjà reculés, une partie de l'emplacement qui la
constitue était couverte de maisons et que sur la
porte de l'une de ces maisons, se trouvait peinte ou
sculptée l'image du soleil; d'où les habitants du
voisinage et successivement ceux des autres quartiers
de la capitale avaient insensiblement contracté l'habitude de désigner la place sous le nom de Puerta del
Sol. Depuis longues années déjà, la maison et avec
elle la porte et l'image du soleil qui la décorait ont
disparu, mais l'ancien usage a prévalu; il s'est trans-
mis de génération en génération et aujourd'hui
encore, tout Madrid nomme la place en question, la
Puerta del Sol.

En la quittant, nous nous dirigeâmes à travers des
quartiers qui n'ont rien de beau, vers la place de
l'Ange, où le guide me prévint qu'avant d'aller plus
loin, il avait à me faire voir des choses qui m'intéres-
seraient. Arrivés sur cette place, j'y remarquai deux
palais de belle apparence, situés vis-à-vis l'un de
l'autre, avec façades sur la place et sur deux rues.
Je lui demandai si c'étaient ces palais qu'il avait
l'intention de me montrer. « Oui, me répondit-il, car
« celui que vous voyez à votre gauche est le palais
« des comtes de THÉBA, du nom et de la fortune des-
« quels l'Impératrice Eugénie est l'unique héritière.
« Ce palais appartient donc aussi maintenant à l'Em-

« pereur Napoléon et vous voyez que, si jamais il lui
« plaisait de venir faire un petit voyage à Madrid, il
« y serait convenablement logé. Le palais que vous
« avez à votre droite, ajouta-t-il, est celui de la
« comtesse de Montijo, mère de l'Impératrice. »

Alors nous nous remîmes en marche pour aller
visiter les rues d'Atocha et d'Alcala qui sont au nombre
des plus belles rues de la capitale. Je puis me dispen-
ser de donner le compte-rendu de mes impressions
dans la première de ces rues ; mais il n'en est pas de
même de la seconde.

La rue d'Alcala, comme la rue d'Atocha qui lui est
parallèle, présente une assez forte déclivité ; mais
elle l'emporte sur sa voisine qui est aussi longue et
aussi large qu'elle, par ses palais et par les plantations
d'arbres qui la décorent. Ces palais sont, entre autres,
celui des ducs d'Abrantés, celui des députés qui est
fort beau, celui des ducs de Villa-Hermosa où logea
le duc d'Angoulême, lors de l'expédition de 1823, et
enfin celui des ducs de Médina-Céli. Ces deux derniers, superbes et vastes palais situés en face l'un de
l'autre, terminent la rue qui aboutit à une magnifique
promenade le long de laquelle ils développent chacun
l'une de leurs façades.

Cette promenade, c'est le PRADO, vaste et gracieux
vallon planté de beaux arbres plus que séculaires,
formant de belles et nombreuses allées. L'une de
celles du milieu, que l'on nomme le *salon*, garnie
de bancs et décorée de candélabres alimentés par le
gaz, est uniquement réservée aux promeneurs et

c'est sous ses ombrages que l'élégante société de la capitale vient respirer la fraîcheur.

En débouchant de la rue d'Alcala sur le Prado, mes regards furent frappés par un chef-d'œuvre de l'art. C'est la monumentale et superbe fontaine de NEPTUNE, le plus bel ornement de la promenade. Ce groupe magnifique, exécuté en marbre blanc et dans des proportions colossales, représente le Dieu des mers debout sur sa conque, armé de son trident, traîné par deux superbes chevaux et entouré de poissons qui précèdent et suivent les roues de son char. Ce groupe est du plus grandiose et du plus bel effet. Je m'arrêtai longtemps à l'admirer et mon guide, mettant à profit pour se reposer une curiosité bien naturelle de ma part, fut s'asseoir à l'ombre sur un banc du voisinage.

Quand je le rejoignis, nous traversâmes la promenade et nous nous trouvâmes sur la route qui la longe et qui est bordée de l'autre côté par le jardin botanique. Ce beau jardin n'en est séparé que par une grille en fer qui permet de jouir du coup-d'œil sans y entrer et que nous suivîmes dans toute sa longueur. Il y avait quelques instants que nous l'avions laissée derrière nous, quand, sur notre gauche, s'ouvrit devant nous, une longue et large avenue, plantée de chaque côté d'une allée d'arbres et aboutissant à d'anciens et vastes bâtiments. Ce sont ceux du monastère d'Atocha qui, après avoir abrité des moines sous leurs cloîtres pendant de longues années, servent aujourd'hui d'asile aux invalides, respectables et glorieux débris des vieilles armées espagnoles.

Arrivés devant la porte principale de la grille de la cour, qui est habituellement fermée et ne s'ouvre que dans les grandes occasions pour livrer passage à Sa Majesté, nous entrâmes par l'une des portes latérales dans cette même cour, sur les trois autres côtés de laquelle règnent des colonnes et des voûtes de cloîtres.

Sous les voûtes et les galeries du fond, se trouve la porte de la fameuse église de NOTRE-DAME D'ATOCHA, où S. M. Isabelle II se rend en dévotion tous les samedis de l'année, suivie de son royal cortége, et à l'entrée de laquelle nous trouvâmes un vétéran en faction, faisant la conversation avec un enfant de chœur en surplis, en soutane et en calotte rouges.

Le vase de l'église est assez beau; je me dirigeai en entrant vers le sanctuaire où la statue de la Madone est exposée à la vénération des fidèles sur un autel resplendissant de lumières, de l'éclat des dorures et de celui des étoffes de brocart. Pendant que j'étais agenouillé sur le marbre, devant la vierge vénérée, trois braves marins vinrent se mettre à genoux à côté de moi pour implorer sa protection ou pour la remercier des faveurs qu'ils en avaient obtenues.

Après avoir rempli ce pieux et honorable devoir, j'examinai les détails et les décorations intérieures de l'édifice. Ce qui m'a surtout frappé, ce sont les innombrables drapeaux qui sont suspendus à la voûte de la nef principale et parmi lesquels j'ai remarqué un immense drapeau anglais.

Des hauteurs de cette même voûte, descendent trois riches lampes en argent massif, dons de la munificence de la reine Marie-Christine, ainsi que cela résulte de l'inscription que j'ai lu sur l'une d'elles.

Pendant que je faisais ma visite et mes observations, mon guide, tranquillement assis sur un banc, se reposait de ses fatigues en essuyant son front ruisselant de sueur avec un beau foulard rouge, tout en faisant la conversation avec l'enfant de chœur qui nous avait suivis et qui nous avait fait très-gracieusement ses offres de service.

Ma visite achevée et après m'être reposé un instant auprès d'eux, je me levai pour partir et mon cicérone m'ayant imité, nous nous dirigeâmes vers la porte, en prenant congé du pieux enfant. En arrivant sous le cloître et en repassant devant la sentinelle, mon compagnon s'aperçut qu'il avait oublié son foulard sur le banc où nous étions assis. Pendant qu'il rentrait pour aller le chercher, j'avais essayé d'échanger quelques paroles avec l'invalidide et j'attendais son retour, quand je le vis revenir avec la figure toute bouleversée. Son foulard n'était plus sur le banc! et c'était en vain qu'il l'avait demandé à l'enfant de chœur, lequel lui avait assuré qu'il ne l'avait pas vu. Malgré cette assurance de sa part, nous sortîmes de l'église de Notre-Dame d'Atocha, convaincus l'un et

l'autre que ce jeune enfant, quoique attaché au service d'un sanctuaire des plus vénérés de toute
l'Espagne, à l'ombre duquel il passe ses jours, n'est
cependant qu'un petit fripon.

C'est sous cette triste impression que nous reprîmes le cours ne nos pérégrinations et, chemin faisant,
le pauvre volé cherchait à prendre son parti de sa
mésaventure, en m'entretenant du fidèle compagnon
de sa tabatière qui faisait un vide sensible et doulou-
reux dans sa poche. Il me raconta qu'il l'avait acheté
à la dernière foire de Madrid, pour les grandes occasions et qu'il l'avait payé un douro (5 fr. de notre
monnaie).

Cependant les préoccupations de regrets qui l'agi-
taient ne l'empêchaient pas de s'acquitter conscien-
cieusement des importantes fonctions qu'il remplis-
saient auprès de moi. Nous avions repris la route du
Prado et nous cheminions au pied du mamelon que
nous longions depuis notre sortie du couvent, quand,
sur notre droite, se présenta une pente fort raide,
sur laquelle est tracé un chemin qui ne l'est pas
moins, devant lequel mon compagnon s'arrêta en me
proposant d'y monter. Ce chemin aboutit à une grande
porte pratiquée dans le mur d'enceinte d'un parc au-
dessus duquel j'apercevais d'en-bas la tour d'un
observatoire. J'étais fatigué de toutes mes courses et
j'hésitais à gravir cette pente rapide, quand mon
guide triompha de mon incertitude en me disant de
reprendre courage et que je n'aurais qu'à m'en féliciter.

Il avait raison et je ne tardai pas à m'en apercevoir. Moins de cinq minutes après, j'entrais par l'une des portes de service dans un immense parc, en le remerciant d'avoir vaincu mon irrésolution.

En effet, je me trouvais alors et grâce à lui, dans les jardins d'une magnifique résidence royale, le palais de Buen-Retiro. C'est vraiment un charmant séjour où tout est beau, tout est digne de la royauté. L'œil du visiteur s'égare délicieusement sur les gracieuses ondulations de ce parc si accidenté, sur les massifs d'arbustes et de fleurs, sur les parterres, les bosquets de charmilles et les frais kiosques que l'on y rencontre à chaque pas, sur les beaux arbres qui en ombragent les grandes allées, ainsi que les abords du château.

De tous les points de cette superbe villa, l'on jouit du coup-d'œil le plus beau et le plus varié.

Par suite de la déclivité du sol qui s'incline en pente douce jusqu'au Prado, la vue que l'on a du palais et de ses alentours plonge sur la promenade au-delà de laquelle et par-dessus les arbres, à la distance d'environ deux portées de fusil, l'œil rencontre, vis-à-vis, sur la pente opposée du vallon, une partie de la capitale. Ce sont quelques-uns de ses plus beaux quartiers, entre autres les rues d'Atocha et d'Alcala. Puis enfin, au-delà et sur la gauche, vers le sud-est de Madrid, la vue se perd dans le lointain de l'horizon.

Pendant que je jouissais de ce coup-d'œil magnifique, mon guide me fit remarquer à la distance de

7

8 ou 10 kilomètres environ, un peu sur la gauche, un mamelon peu élevé qui domine toutes les ondulations du sol et les autres points culminants que l'on peut apercevoir. Sur ce mamelon l'on distingue les constructions d'un ancien couvent qui en couronnent le sommet et dans tout cela je ne voyais rien qui fut bien digne de fixer l'attention, quand mon compagnon, prévenant une question que j'allais lui adresser, me dit : J'ai cru devoir vous signaler le pic que vous regardez dans ce moment-ci, bien qu'il n'ait rien de remarquable, parce que c'est là qu'est le point central du territoire espagnol, le milieu du royaume.

Après cette explication dont ma curiosité avait besoin, nous fîmes le tour des bâtiments du château et nous entrâmes dans une grande cour carrée où sont situés les écuries et les bâtiments destinés aux gens de service. Pendant que je traversais cette cour qui présente un plan incliné, je remarquai sur ma droite, une voûte élevée au-delà de laquelle se trouve une avenue conduisant à d'autres jardins et vers un autre palais qui sont des dépendances du Buen-Retiro. Cette charmante retraite qui jouit du même magnifique coup-d'œil que la demeure royale sa voisine, est habitée par l'infant dom François-de-Paule, frère du feu roi Ferdinand VII, père du roi actuel et oncle de la reine Isabelle II, aujourd'hui régnante. C'est là que ce prince vit loin d'une jeune cour, complètement étranger aux affaires et à la politique.

Quelques moments après, je sortais du parc royal par la porte principale à laquelle aboutit, par une

pente douce, une longue et large avenue bordée de
beaux arbres et partant du Prado. En la descendant,
l'on trouve sur la droite de vastes bâtiments appartenant à l'Etat et précédés d'un joli jardin. C'est le
quartier de l'artillerie à cheval.

Au-dessous, toujours du même côté et touchant
l'avenue, l'on voit de frais et verdoyants massifs
d'arbres et d'arbustes, du milieu desquels s'élancent
l'élégant clocher et la croix d'une chapelle funéraire
qui fut élevée à la mémoire des victimes qui périrent
par suite de l'entrée et de l'occupation des français en
1808. Arrivé à l'extrémité de ces massifs, j'étais à
l'entrée de l'avenue ; j'étais de retour au Prado. Je le
traversai de nouveau, je m'arrêtai encore quelques
instants devant la fontaine de Neptune, je remontai
la rue d'Alcala, je regagnai celle de Carretas et je
rentrai à l'hôtel avec mon guide.

Après m'être acquitté envers lui et l'avoir laissé
avec d'autres voyageurs qui venaient d'arriver, je
courus au bureau des courriers arrêter ma place pour
Barcelone. Ces voitures qui portent les dépêches
n'ont que deux places ; la première était déjà arrêtée,
je retins et payai la seconde. Il était environ six heures du soir ; je rentrai afin de tout disposer pour mon
départ qui devait avoir lieu à huit très-précises, et
un quart-d'heure avant le moment fixé j'étais au
bureau.

En arrivant sur la place où il est situé, j'y trouvai un grand mouvement. Tous les chevaux étaient
attelés aux nombreuses voitures rangées les unes

à côté des autres autour de la place; les conduc-
teurs faisaient monter les voyageurs; les postillons
étaient sur leurs siéges, les guides et le fouet à la
main, prêts à partir au premier coup de huit heures;
la place était encombrée de promeneurs, de voyageurs et de parents ou amis qui les accompagnaient.

Un garçon de bureau me conduisit à la voiture où
je devais monter. A peine y étais-je installé que mon
compagnon de voyage arriva escorté de quelques
amis. Il prit place à côté de moi, la portière se referma sur lui et le premier coup de huit heures s'étant
fait entendre quelques secondes après à une horloge
voisine, toutes ces voitures s'ébranlèrent à la fois et
se dispersèrent dans les directions diverses qui aboutissent à chaque porte de la ville, pour aller distribuer
dans toutes les provinces de la monarchie, les
nouvelles et les voyageurs venant de la capitale.

Les roues brûlaient les pavés; nous fûmes bientôt
hors de la ville et emportés loin de Madrid sur la route
de Saragosse. La nuit était obscure; mon compagnon
de voyage et moi ne pouvions pas nous voir; mais
nous essayâmes d'échanger quelques paroles dès que
nous roulâmes sur le macadam. Quand il reconnut
que j'étais français, il se montra pour moi plein de
politesse, me priant, en très-bons termes, de l'excuser et d'avoir la bonté de le reprendre quand il ferait
quelque faute contre notre langue. Je compris alors
que j'avais pour voisin un jeune homme appartenant à une famille distinguée, et je lui répondis
que celui de nous deux qui avait besoin de réclamer

l'indulgence de l'autre, c'était certainement moi et non pas lui, ajoutant que, je voudrais savoir parler l'espagnol aussi bien qu'il parlait le français.

Après avoir ainsi ébauché notre connaissance en quittant Madrid, nous nous laissâmes insensiblement gagner par le sommeil, chacun de notre côté; nous promettant intérieurement de la rendre plus complète le lendemain et les jours suivants, ayant à faire en tête à tête un voyage de 500 kilomètres.

Jeudi 21.

Comme à l'ordinaire, le soleil se leva brillant et radieux. J'étais réveillé ; mon compagnon ne tarda pas à en faire autant; nous nous étudiâmes mutuellement et je vis avec plaisir que je ne m'étais pas trompé sur son compte en le jugeant trop favorablement. Il paraît que, de son côté, l'impression qu'il garda de moi ne me fut pas non plus désavantageuse, car il continua à se montrer aussi poli, aussi prévenant qu'il l'avait été la veille. C'est un jeune homme de 28 à 30 ans, appartenant à l'une des premières et des meilleures famille de Barcelone. Nous échangeâmes plus tard nos cartes quand, avant d'arriver dans cette ville et de nous séparer, nous nous fîmes réciproquement nos offres de service; j'appris alors qu'il se nomme Dom Ramond de Arquer y Sainz. Il était au moment de faire un brillant mariage et il revenait de Madrid où il était allé régler des affaires dans l'intérêt de sa fiancée.

Vers huit heures, il me demanda si je ne serais pas disposé à déjeûner et je lui répondis affirmativement, ajoutant que j'attendais avec impatience le relais où l'on s'arrêtait ordinairement pour le faire. Comment monsieur, reprit-il, mais on ne s'arrête pas du tout ! et si vous n'avez pas songé à prendre des provisions pour la route, j'en suis vraiment bien aise, car cela me procurera le plaisir de vous offrir de partager les miennes. Et ce disant, il ouvrit deux sacs de voyage qu'il me montra très-confortablement approvisionnés de volailles, jambons et autres pièces froides accompagnées de très-beaux fruits, de tout quoi il m'offrit de prendre ma part.

Ayant d'abord fait quelques difficultés d'accepter son obligeante invitation, il insista d'une manière fort amicale en me disant : « Monsieur, vous me « fâchez. Je vous ai offert de bon cœur avec l'espé- « rance et le désir de vous voir accepter; car, vous « conviendrez que je puis partager avec vous ayant « largement des provisions pour deux; votre refus « me fait donc de la peine. »

Il n'y avait plus pour moi de raisons possibles de persister dans mon refus, après des offres aussi franches et aussi cordiales. J'acceptai donc avec reconnaissance et nous attaquâmes de fort bon appétit les abondantes provisions qu'il avait étalées sous mes yeux. Elles avaient certes très-bonne mine et je leur fis honneur malgré mes premiers refus.

Vers trois heures après-midi, nous étions déjà fort éloignés de Madrid ; nous étions sortis des plaines de la Nouvelle-Castille et nous roulions rapidement à travers les vallées de l'intendance de Soria, dans la Vieille-Castille, où j'ai vu des gorges très-curieuses et des rochers présentant des formes fantastiques les plus variées et les plus bizarres, au milieu déboulements non moins curieux.

Il était environ six heures quand nous passâmes, sans nous y arrêter, à CALATAYUD, ville d'Aragon, peuplée de 9,000 habitants et située à 24 kilomètres de Saragosse, au confluent de deux rivières.

La nuit étant venue après que nous eûmes pris notre repas du soir et ne pouvant plus jouir du coup-d'œil, nous cédâmes bien volontiers à la douce influence du sommeil.

Vendredi 22.

Quand je me réveillai le jour commençait à paraître et m'apercevant que nous roulions sur une route magnifique bordée de beaux arbres, je pensai que nous approchions de quelque grand centre de population

Je ne me trompais pas. Un quart d'heure après, vers six heures, nous étions sous les remparts et à la porte d'une ville ; nous franchissions cette porte ; nous traversions une place plantée de massifs d'arbustes et de fleurs ; nous longions un cours décoré de deux rangées d'arbres et d'une statue colossale ; un moment plus tard, la voiture s'arrêtait devant le bureau de la poste.

J'étais à Saragosse, capitale de l'Aragon, grande ville de 45,000 habitants, à 281 kilomètres de Madrid.

L'on s'y arrête deux heures environ pour y déposer en passant les dépêches venant de la capitale, y prendre celles destinées à Barcelone et changer de voiture.

Il fallait donc profiter le mieux possible de ce court séjour pour parcourir et visiter cette ville héroïque, célèbre par son patriotisme et son dévouement à ses rois ; cette ville fameuse par la défense et la résistance que ses habitants opposèrent aux armées françaises en 1808 et 1809, dont il fallut faire le siége rue par rue, maison par maison, et qui, défendue par l'intrépide et fidèle Palafox, ne capitula qu'après un siége de trois mois.

Saragosse n'est pas une belle ville. Il y a cependant quelques jolies rues, entre autres la rue des Corses où est situé le bureau de la poste ; elle est longue, large, bordée de trottoirs et de jolies maisons où j'ai vu quelques beaux magasins. Les rues sont en général longues et étroites. Je m'engageai au hasard dans l'une d'elles et je fus agréablement surpris en voyant qu'elle aboutissait à un beau pont en pierres, sous lequel coule le magnifique fleuve de l'Ebre qui sépare la ville d'un vaste faubourg situé sur sa rive gauche.

La vue dont on joüit du milieu du pont est fort belle :
l'on a sous les yeux le cours du fleuve en amont et en
aval de la ville sur une longue étendue , le faubourg,
ainsi qu'une partie de la riche et jolie campagne qui
l'environne.

Saragosse possède aussi une belle église connue
sous le nom de *Notre-Dame del Pilard*, une bibliothèque et des antiquités; mais faute de temps, je
n'ai pas pu les visiter. L'heure du départ était venue ;
il fallait retourner au bureau; mon compagnon de route
qui , de son côté, était allé visiter quelques connais-
sances qu'il avait en ville, y arriva en même temps que
moi ; nous remontâmes en voiture et nous partîmes.

Un moment après, nous franchissions l'Ebre sur le
pont dont j'ai parlé et nous traversions le faubourg
de la rive gauche, à quelque distance duquel nous
passâmes sur un pont suspendu, un affluent du fleuve,
nommé le Rio-Galliégo.

La route suit longtemps le cours de l'Ebre au milieu
d'une campagne magnifique qu'il arrose et fertilise
de ses eaux. Rien de plus riche , rien de plus beau
que les plaines qui environnent la capitale de
l'Aragon. Comme la superbe vallée du Graisivau-
dan, au milieu de laquelle Grenoble est assis, elles
sont couvertes de nombreuses fermes, autour desquelles l'œil se repose délicieusement sur les cultures les plus soignées, les récoltes les plus variées,
et la plus luxuriante végétation. A la vérité, ce ne
sont plus à Saragosse, les récoltes, les orangers,
les grenadiers , les palmiers, les oliviers de Séville,
de Grenade et de Cordoue; mais ses alentours ont

plus de fraîcheur et de verdure, mais son soleil est aussi bien beau et son ciel bien bleu.

Cette journée a été bien certainement une des plus accidentées de mon long voyage. Nous avons vu des pays de l'aspect le plus varié et le plus différent. A mesure que nous nous éloignions de Saragosse, nous avons traversé des territoires immenses presque sans culture, presque déserts ; où nous n'avons rencontré que des routes défoncées où les roues se perdaient jusqu'au moyeu dans l'eau et dans la boue, et quelques misérables villages fort éloignés les uns des autres. Nous avons été cependant assez heureux pour en trouver un où, après avoir relayé, nous avons pu faire consolider suffisamment, pour arriver au terme du voyage, un des ressorts de la voiture qui s'était rompu dans les effroyables chemins que nous venions de parcourir.

Mais nous n'en avions pas fini avec les mauvais chemins et au sortir du village nous fumes encore condamnés à descendre une pente longue et raide, sans route tracée, où nous enfoncions toujours dans l'eau et dans la boue et sur laquelle le cahotage était aussi dangereux qu'intolérable.

Nous traversâmes ensuite des bas-fonds, des côtes et des plateaux déserts, et après un trajet de plusieurs longues heures, beaucoup trop prolongé sans doute, dans de si mauvaises conditions, nous arrivâmes enfin dans un pays meilleur.

Vers 4 heures et demie après-midi, nous roulions dans une jolie plaine qui m'a paru très-fertile et bien

cultivée. En la traversant j'y ai vu quelques maisons
de campagne et quelques fermes fort bien entretenues qui font honneur à ce riche territoire.

Il était environ cinq heures et demie quand, arrivés
à l'extrémité de la plaine, nous nous trouvâmes sur
la rive droite d'une large et belle rivière que l'on
traverse sur un pont suspendu : c'est la CINCA.

De l'autre côté du pont, au pied, sur les pentes
et sur le sommet d'un côteau sec et aride, s'élève
FRAGA, ville de 5,000 habitants, située sur les confins
de l'Aragon et de la Catalogne, à 17 kilomètres de
Lérida.

Il serait, je crois, difficile de voir une ville plus
laide. Le quai, d'où l'on jouit du beau coup-d'œil
qu'offre le cours sinueux de la rivière et d'où la vue
s'étend sur la campagne que nous venions de traverser, est long, étroit, bordé de maisons de pauvre et
triste apparence. Les rues sont étroites, laides, mal
pavées et quelques-unes, celles surtout où passe la
route sont tracées sur des pentes tellement rapides,
que les chevaux ne peuvent les gravir que très-diffi-
cilement et non sans quelque danger pour les voyageurs. Ce que j'ai vu de mieux, c'est une place qui
m'a paru de moderne construction, sur laquelle
nous nous sommes arrêtés pour relayer. Cette place,
qui forme un carré long, est entourée de maisons qui,
sans être belles, contrastent avec tout ce que j'ai vu
dans le reste de la ville; mais en la quittant pour
nous remettre en route, il nous fallut encore gravir
d'autres rues aussi ardues que celles que nous venions

de parcourir et le long desquelles les chevaux eurent les plus grandes peines à tirer la voiture.

Enfin nous arrivâmes sur un plateau que la route traverse et où elle suit deux rangées de rochers qui affectent les formes les plus variées et les plus bizarres.

Ce trajet ne fut pas long ; nous eûmes bientôt atteint l'extrémité du plateau ; nous descendîmes la côte opposée à celle que nous venions de monter ; nous avions alors retrouvé le beau chemin et nous roulions rapidement dans la direction de Lérida. Nous touchions aux limites de l'Aragon et allions entrer dans la riche Catalogne, ce beau fleuron de la couronne d'Espagne, à l'autre extrémité de laquelle je devais franchir les Pyrénées pour rentrer en France.

La nuit tombait quand nous arrivions à LÉRIDA, première ville de la Catalogne, qui renferme une population de 14,000 habitants et située sur la rive gauche de la SÈGRE, belle rivière qui prend sa source dans les Pyrénées.

Le bureau du courrier où nous fûmes descendre est placé sur un quai populeux très-fréquenté, où les promeneurs viennent jouir de la fraîcheur et du beau coup-d'œil de la rivière. La soirée étant magnifique, dom Ramon et moi fimes comme eux pendant quelques instants, après quoi nous parcourûmes, à la clarté des reverbères, les quartiers voisins du quai, et, arrivés sur une place, il m'offrit des rafraichissements dans un café où il est connu.

Le délai que le conducteur nous avait accordé pour

visiter la ville étant expiré, nous nous hâtames de regagner le quai ; les chevaux étaient attelés ; l'on n'attendait plus que nous ; nous remontâmes en voiture et quelques moments après nous nous endormions sur la route de Barcelone.

Samedi 23.

Quand le jour arriva, nous étions depuis plusieurs heures déjà en pleine Catalogne et je pus, sous son beau ciel, admirer tout à mon aise les richesses d'une magnifique nature, d'une culture bien soignée et d'une puissante végétation.

J'ai traversé, sur des routes entretenues avec soin, de belles plaines ; de gracieux vallons, de vertes collines, des montagnes bien boisées, du haut desquelles je jouissais du spectacle le plus beau et le plus varié, rencontrant partout de jolis villages dont les actives populations étaient occupées à loger en futailles les vins de la nouvelle récolte.

C'est ainsi qu'après avoir traversé plusieurs localités assez importantes, entre autres MARTOREL, où la route suit la rue la plus sale et la plus défoncée que l'on puisse imaginer, où les roues disparaissaient dans la boue jusqu'au moyeu, nous atteignîmes les belles plaines qui précèdent et entourent Barcelone. Elles sont comme toutes les autres parties de la province, riches, bien cultivées et les routes y sont

parfaitement entretenues. Il paraît qu'il se fait dans
le pays une grande consommation de pêches, car j'ai
vu des champs entiers plantés de pêchers. J'y ai vu
également beaucoup d'orangers, de citronniers,
d'oliviers et de chênes liéges.

Il était midi quand, en suivant les accidents et les
ondulations du terrain, nous arrivâmes sur le point
culminant d'un mamelon d'où nous découvrîmes, à
3 ou 4 kilomètres de distance dans la plaine, assise
au bord de la mer, la capitale de la Catalogne. Cette
ville entourée de Barcelonnette, de ses autres faubourgs et de deux villages considérables, s'étalait sous
nos yeux avec tout le prestige qui s'attache à une
belle, grande, riche et florissante cité.

Le nombre des voitures, le mouvement de va-et-
vient de la population, la multiplicité des cafés et
des guingettes échelonnées des deux côtés de la
route, tout annonçait les abords d'une ville importante.

Nous atteignîmes bientôt l'un des faubourgs ; nous
le traversâmes ; nous nous trouvâmes alors sous les
remparts de la ville que nous longeâmes pendant
environ un quart d'heure et à une heure nous entrions
dans BARCELONE par un temps superbe.

Après avoir suivi une grande et jolie rue, nous
débouchâmes sur une longue et vaste place plantée
d'arbres et ornée d'une fontaine monumentale où est
situé le bureau, c'est la Rambla-Santa-Monica. Quand
la voiture s'arrêta devant la porte, je vis sur le trottoir
des dames et des messieurs, accompagnés de domes-

tiques en livrée qui attendaient l'arrivée du courrier. Dom Ramond ouvrit la portière, sauta sur le trottoir et embrassa sa famille. J'ignore si sa fiancée était au nombre des jeunes sénorétas que j'avais sous les yeux.

Pendant que du fond du coupé je jouissais du bonheur et des douces joies de cette scène de famille, il paraît que mon cher compagnon de voyage parlait de moi à ses parents, car je les vis tous en même temps se retourner de mon côté et me saluer presque comme une personne de leur connaissance. Dans ce moment-là, dom Ramond s'approcha de moi me serra affectueusement la main, me priant de le compter toujours au nombre de mes amis et me renouvellant toutes ses offres de services. De mon côté, je le remerciai des politesses dont il m'avait comblé depuis notre départ de Madrid et nous nous séparâmes probablement pour ne plus nous revoir. Il me dit cependant un jour, dans une conversation de nos longues heures de voyage, que, ne connaissant pas la France, son projet était, après son mariage, de venir visiter Paris et qu'en allant, à leur retour, s'embarquer à Marseille, il tâcherait de me voir en passant par Gap.

Quand il se fut éloigné avec sa famille, je mis à mon tour pied à terre, impatient de visiter une ville dont j'avais beaucoup entendu parler et que depuis longtemps je désirais connaître.

BARCELONE est une riche, très-commerçante et grande cité, peuplée d'environ 200,000 habitants, située sur la Méditerrannée, à 500 kilomètres de Madrid. Il y règne une industrie fort active.

En posant le pied sur son pavé, je fus, comme dans toutes les autres grandes villes de la Péninsule que j'avais déjà visitées, assailli par une nuée de commissionnaires et de garçons qui comprenaient et parlaient fort mal le français. Je me trouvais donc assez embarrassé quand un marchand de chaussures français, dont le magasin est contigu au bureau et qui se trouvait sur sa porte, ayant reconnu en moi un compatriote, vint à mon aide, me recommanda à l'un de mes interlocuteurs et m'indiqua de l'autre côté de la Rambla, un des principaux hôtels de la ville, la *Fonda del Falcon*, où je fus me loger.

Après avoir pris possession de ma chambre, je commençai immédiatement, en attendant l'heure du dîner, à parcourir la ville, accompagné du commissionnaire qui avait transporté mes effets. Les rues en sont assez généralement longues, droites et étroites. Les maisons, élevées et de belle apparence, présentent, comme dans les plus grandes et les plus riches villes de France, de beaux magasins qui rivalisent sans désavantage avec ceux de ces dernières, pour le luxe, la richesse, l'élégance, la variété, le bon goût et la nouveauté des marchandises en tous genres qu'ils étalent avec beaucoup d'art et de coquetterie à la curiosité des passants.

Parmi les quartiers qui méritent d'être distingués, je dois citer particulièrement la Rambla-Santa-Monica, la Rambla-San-José, la place Royale et la rue San-

Fernando. C'est là, et dans les passages qui sont assez beaux, que j'ai vu les magasins les plus remarquables.

La place Royale est entourée d'élégantes arcades, sous lesquelles s'ouvrent les magasins et circulent continuellement de nombreux promeneurs qui tour-à-tour s'arrêtent devant leurs vitrages pour en admirer le contenu. Le centre de la place est planté d'un gracieux jardin qui était verdoyant et fleuri à l'époque où je l'ai vu, et les promeneurs y trouvent des bancs pour se reposer et y prendre le frais. La nuit venue, le gaz des candélabres de la place et des magasins produit un fort joli effet.

La Rambla-San-José est une longue, large et belle promenade, plantée de chaque côté de beaux arbres au-delà desquels se trouvent aussi, à droite et à gauche, de belles maisons dont les magasins ne le cèdent en rien à ce que j'ai vu de plus beau en France.

Dimanche 24.

Je me suis levé de grand matin. Après avoir fait une visite obligée à un coiffeur établi sur la Rambla et entendu la messe, j'ai recommencé, par un temps superbe, mes pérégrinations dans la ville et remonté la Rambla-San-José que je n'avais pas suivie jusqu'à son extrémité. Arrivé au bout par une pente douce, je me trouvais aussi au bout de la

7*

ville dont il a fallu, dans cette partie-là, jeter à terre
une portion des remparts pour en dilater l'enceinte
devenue trop étroite pour contenir sa nombreuse et
active population. C'est de ce côté-là que sont situés
les deux grands villages dont j'ai parlé et qui, comme
Barcelone, tendent tous les jours à se rapprocher
pour ne faire bientôt qu'une seule et magnifique
agglomération. En dehors de la brèche se trouve une
belle route qui auparavant aboutissait à une porte ;
elle est bordée d'allées d'arbres réservées aux piétons
et dans le milieu j'ai vu circuler de nombreuses voitures amenant à la ville les joyeuses populations des
campagnes voisines.

Au moment où je rentrais sur la Rambla-San-José,
cette promenade offrait l'aspect le plus vivant et le
plus animé. La partie qui se présentait à moi était
remplie d'une foule nombreuse, composée de marins,
d'ouvriers du port, de ceux des établissements indus-
triels, des manufactures et autres. Je me glissai au
milieu des groupes de cette foule et je vis ces braves
gens qui, échangeant force poignées de mains,
profitaient de leurs heureux et courts moments de
repos, pour faire de joyeuses et fréquentes visites aux
marchands de liquides et de comestibles de toute espèce qui stationnent entre les arbres de la promenade.

L'autre portion de la Rambla, qui n'est séparée
que par une simple allée de celle que je venais de
parcourir, présentait aussi, dans le même moment,
un coup-d'œil des plus animés, mais d'un aspect bien
différent.

Il était midi. C'est l'heure où la portion de la brillante société de Barcelone, qui habite les quartiers environnants, est dans l'usage de faire un tour de promenade en sortant d'entendre la messe dans les églises voisines.

Comme je venais de le faire dans la partie supérieure, je me mêlai à cette foule élégante et je me crus transporté tout-à-coup au milieu de la population de l'une de nos plus grandes villes. L'illusion était d'autant plus saisissante que je retrouvai là tous nos costumes français. Presque toutes les dames, presque tous les hommes et les jeunes gens ont adopté nos modes. J'ai vu de belles et gracieuses sénoras et sénorétas catalanes se promener avec des parentes ou des amies que je trouvais non moins belles et non moins gracieuses qu'elles, sous le riche et élégant costume national.

Entre les arbres de cette belle portion de la Rambla, les marchands de liquides et de comestibles, que l'on rencontre dans l'autre, sont avantageusement remplacés par de nombreuses marchandes de fleurs qui, je l'ai remarqué, ont une adresse toute particulière pour les disposer en fraîches et charmantes pyramides.

Je dois dire pour expliquer l'adoption de nos modes et de nos costumes que, sur la nombreuse population de la ville, l'on compte au moins 25 ou 30,000 français, dont un grand nombre appartiennent au haut commerce, qui, à différentes. époques encore peu éloignées de nous, les y ont transportés avec nos industries. L'on m'a parlé, entre autres, d'un fabricant de châles d'une de nos grandes villes industrielles et manufacturières du Midi qui, en 1848, est allé s'y établir avec sa famille, sans esprit de retour.

J'ai vu, en me promenant sur les trottoirs qui bordent les maisons, un certain nombre de magasins occupés par des français, où je n'ai entendu parler que français. Je me souviens entre autres d'une librairie, située sur la Rambla, qui m'a paru assez importante, sur l'enseigne de laquelle j'ai lu les mots : *Librairie française* et dont j'ai pendant quelques instants parcouru des yeux les vitrages pour avoir le plaisir d'entendre les propriétaires et les acheteurs parler entre eux notre langue nationale.

Barcelone, qui sans doute est après Madrid la ville la plus importante de la monarchie, possède un fort grand port et des monuments remarquables, tels que la cathédrale, le théâtre qui était fermé et que je n'ai pas pu voir intérieurement, la bourse, l'hôtel de ville et celui de la douane. Il y a également une université, un musée, une bibliothèque, une cita-tadelle et un fort.

Enfin le gouvernement y entretient une garnison assez considérable. J'ai vu défiler, en me promenant sur la Rambla où j'étais logé, un régiment d'artillerie et un régiment d'infanterie qui, comme ceux que j'avais vus à Cadix, à Séville et à Madrid, sont fort bien équipés et ont une belle et martiale tournure.

Le même jour, à 3 heures de l'après-midi, je quittais la capitale de la Catalogne pour me rendre à Figuières par le chemin de fer.

Pendant que je montais dans un wagon de deuxième classe, M. Ferdinand de Lesseps et son fils, accompagnés des notablités de la presse et du commerce de la province, montaient de leur côté dans un wagon de première, reprenant comme moi le chemin de la France.

Après avoir été à Barcelone l'objet des sympathies les plus vives, les plus honorables et les plus flatteuses, ce diplomate dont le nom est désormais irrévocablement lié à la création et à l'histoire de l'entreprise la plus grandiose, la plus magnifique et la plus utile des temps modernes, devait encore en recueillir bien d'autres sur la route.

En arrivant à Mataro, ville de 13,000 habitants où il règne beaucoup d'activité, d'industrie et un commerce aussi varié qu'important, il fut harangué par le chef de l'administration municipale autour duquel étaient groupés la jeunesse des écoles et la plus grande partie de la population.

Bientôt nous atteignîmes la petite ville d'Arenys, à partir de laquelle la voie ferrée n'étant pas encore livrée à la circulation, les voyageurs furent obligés de descendre de wagon pour monter en diligence. Je pris une place de l'intérieur dont on me dit que les trois du fond étaient déjà arrêtées et j'allai immédiatement en prendre possession. A peine je m'y étais installé de mon mieux que MM. de Lesseps vinrent s'asseoir vis-à-vis de moi sur la banquette restée vacante.

M. de Lesseps père, comme tous les hommes d'un

vrai mérite et d'une nature d'élite, se montre de l'accès le plus facile et de l'accueil le plus bienveillant. Quand il eut fait un dernier adieu et serré la main à tous ces Messieurs qui l'avaient accompagné, la portière se referma. Au moment où la voiture s'ébranlait pour partir, je crus reconnaître au nombre des personnes venues de Barcelone avec lui, une des notabilités de la presse Catalane, M. B..., dont, en 1853, au mois de septembre et dans des circonstances pénibles pour moi, j'avais fait l'agréable connaissance à l'un des établissements thermaux d'Amélie-lès-Bains, près Perpignan. Je ne me trompais pas, M. de Lesseps, à qui j'en adressai la demande, me répondit qu'en effet c'était bien lui. Mais pendant cette courte conversation ou plutôt cet échange de quelques paroles, la voiture avait roulé et je me trouvais déjà trop éloigné pour pouvoir lui serrer la main. J'en eus d'autant plus de regrets que, lorsque cinq ans auparavant il avait quitté Amélie pour revenir à Barcelone, nous étions liés d'une sincère amitié et qu'en nous disant adieu, ces dames et lui, m'avaient fait promettre, si je retournais dans les Pyrénées, d'aller leur faire une visite. Je l'avais promis, étant certes bien loin de me douter alors, qu'il se présenterait, quelque jour, une occasion de répondre à leur amicale invitation. Et cependant cette occasion est venue; j'ai passé deux jours dans leur ville et oublieux que je suis, je n'ai pas songé à en profiter. Ayant demandé à mon illustre compagnon de voyage des nouvelles de ces dames, il me répondit qu'il avait eu l'avan-

tage de dîner chez elles et qu'elles se portaient fort
bien.

La route sur laquelle nous roulions est mauvaise, fort
accidentée et assez curieuse, suivant tantôt les bords
de la mer à la distance de quelques mètres seulement
du rivage, tantôt courant sur les sommets de hautes
falaises à pic dont la base est battue par les flots.
J'avoue que je n'étais pas alors sans quelque inquié-
tude et sans quelque crainte; aucun parapet, aucune
barrière ne se trouvant là pour, en cas d'accident,
préserver la voiture d'être précipitée dans l'abîme.
Mais il est vrai de dire que, malgré le mauvais état,
les sinuosités et surtout le peu de largeur de la route,
les postillons sont d'une admirable adresse à conduire
et à diriger les huit ou dix chevaux qui font ces dangereux trajets dans lesquels il n'arrive que très-rare-
ment des malheurs.

Nous sortîmes enfin de tous ces mauvais pas. La nuit
était venue et chacun put alors se laisser tranquillement aller au sommeil.

Lundi 25.

Il était environ une heure après-minuit quand nous
fûmes réveillés par suite des cahotages occasionnés
par des pavés.

Nous venions d'entrer à GIRONE, ville forte, peuplée

de 14,000 habitants, située sur une montagne, à 80 kilomètres de Barcelone et qui fut prise par les français en 1809.

A peine la voiture eut-elle roulé pendant quelques instants et se fut-elle arrêtée devant le bureau, qu'elle fut tout-à-coup environnée d'une foule nombreuse portant des torches et au milieu de laquelle on distinguait la musique de l'un des régiments de la garnison, en uniforme. La portière s'ouvrit et MM. les membres du cercle s'approchant, invitèrent M. de Lesseps à venir se reposer et se raffraîchir dans leurs appartements, en attendant le moment où la diligence devait se remettre en route. Il se rendit à cette invitation, descendit suivi de son fils, et, entouré de toutes les notabilités de la ville, il fut conduit dans les salons du cercle à la clarté des torches. Arrivé là il y fut harangué et reçut de la part de l'honorable assemblée les témoignages de la plus vive sympathie. Pendant ce temps-là, Messieurs de la musique, groupés sous les fenêtres des appartements, lui faisaient les honneurs d'une délicieuse sérénade qui se prolongea jusqu'au départ de la voiture. Quant à moi, qui avais mis pied à terre en même temps que MM. de Lesseps, j'avais été témoin et j'avais joui de tout cela en circulant dans la foule.

Après avoir séjourné plus d'une heure à Girone, nous nous remîmes en route. Au départ comme à l'arrivée, la foule entourait la voiture et ce fut seulement quand l'honorable voyageur y fut remonté que ces messieurs prirent congé de lui. Il était visible-

mentému d'une manifestation aussi flatteuse qu'inat-
tendue, et quand ils se furent éloignés : « Voyez
« cependant, me dit-il, qu'elle est la force et l'énergie
« du sentiment populaire. »

A six heures du matin, nous arrivions à FIGUIÈRES,
ville de 8,000 âmes que je connaissais déjà et que j'ai
revue avec plaisir. Le 5 septembre 1853, j'y étais
venu d'Amélie-lès-Bains avec une société d'autres
français et nous y avions passé deux jours pour assister à des combats de taureaux ou pour visiter sa
superbe forteresse qui avait succombé trois fois aux
efforts courageux de nos intrépides soldats, en 1808,
1811 et 1823.

Figuières est une ville assez agréable, assise au
milieu d'une belle et fertile plaine, bornée au levant
par la Méditerranée et au nord par les Pyrénées. Elle
possède un joli théâtre et j'y connais des personnes
que j'aurais revues avec beaucoup de satisfaction;
mais nous ne nous y arrêtâmes que le temps néces-
saire pour changer de voiture et nous transborder
nous et nos effets sur celle qui devait nous porter à
Perpignan. Nous repartîmes donc une heure après
notre arrivée.

A huit heures, nous étions à la JONQUIÈRE, bourg
assez important, situé au pied des Pyrénées et le
premier que l'on rencontre en entrant en Espagne,
quand on vient de France par le col de Perthus. Nous
n'y fîmes qu'un séjour très-court; nous repartîmes
immédiatement après avoir satisfait aux exigences
de la douane et aux formalités des passe-ports.

8

Le temps était toujours superbe. Nous arrivâmes bientôt au pied des Pyrénées dont nous commençâmes à gravir les rampes. A 10 heures, nous passions devant le poste de la douane espagnole et franchissions, sur un pont en construction, le ruisseau qui forme la limite entre les deux Etats, ayant à notre droite le fort de BELLEGARDE appartenant à la France et qui, placé sur un point culminant de l'extrême frontière, domine toute la route que ses batteries peuvent balayer à une grande distance. Il est placé là en sentinelle avancée et a l'air de se mesurer de l'œil avec son puissant adversaire le fort de Figuières, que l'on aperçoit dans le lointain assis sur son rocher.

Quelques minutes après, nous avions atteint le sommet du col et nous entrions dans le joli village de PERTHUS qui borde la route. C'est ainsi que je quittai le beau pays des Espagnes, seize jours après y avoir posé le pied pour la première fois, sur la jetée de Gibraltar.

Je conserverai un ineffaçable souvenir de son ciel si bleu, de ses jours si beaux éclairés par son splendide soleil, de ces tièdes et brillantes nuits que j'ai passées à l'éclat des étoiles et de la comète sur le pont du *Titan*, quand j'étais en route pour Gibraltar et pour Cadix; de celles non moins belles que j'ai admirées en traversant ce beau royaume, des colonnes d'Hercule aux Pyrénées; de ses grands fleuves que j'ai remontés en bateau à vapeur, ou dont j'ai longé les rivages en diligence; de ses belles et fertiles pro-

vinces que j'ai traversées depuis les bords de l'Atlantique, dans l'Andalousie, jusqu'au pied des montagnes
qui séparent la Catalogne de la France.

Je n'oublierai jamais les jours que j'ai passés et
tout ce que j'ai vu à GIBRALTAR, CADIX, SÉVILLE,
CORDOUE, ARANJUEZ, MADRID, SARAGOSSE, LÉRIDA,
BARCELONE et autres villes intermédiaires, leurs cathédrales, leurs palais, l'Alcazar et autres monuments
admirables des siècles déjà bien loin de nous.

Enfin, je garderai un agréable souvenir des magnifiques et gracieuses populations de l'Andalousie, des
deux Castilles, de la province de Tolède, de l'Aragon
et de la Catalogne.

Après nous être mis en règle avec la douane et la
police françaises, ce qui fut assez vite fait, nous
nous remîmes en route pour Perpignan. J'étais certes
bien heureux de revoir la France que j'avais quittée
depuis bientôt deux mois; mais je ne remontai pas
en voiture sans me retourner encore une fois pour
jeter un dernier regard d'adieu sur ce magnifique
pays que probablement je ne reverrai jamais.

Nous venions de prendre des chevaux frais ; nous
traversâmes rapidement le plateau du haut duquel la
vue se repose d'un côté sur les belles et fertiles campagnes de la Catalogne et de l'autre, sur celles non
moins riches du Roussillon. Nous eûmes bientôt
descendu les pentes françaises des Pyrénées et nous
arrivions au BOULOU, bourg de 1,250 habitants, situé
à un myriamètre environ de Perpignan et qui possède
des eaux minérales, lesquelles, dit-on, rivalisent
avec celles de Vichy.

En passant devant l'établissement thermal, nous trouvâmes sur la route, à l'entrée de la cour, deux dames qui attendaient le passage de la diligence pour retourner à Perpignan. Le conducteur leur ayant dit qu'il ne pouvait disposer d'aucune place en leur faveur, elles parurent très-contrariées de ce contre-temps. M. de Lesseps s'en étant aperçu, dit au conducteur avec bienveillance que, s'il pouvait trouver le moyen de placer l'une de ces dames dans l'un des autres compartiments, son fils et lui céderaient bien volontiers à sa compagne la place qui restait vacante entre eux. Les autres voyageurs y ayant mis de leur côté de la bonne volonté, la plus âgée de ces dames monta dans la rotonde; la plus jeune nous échut donc ainsi en partage.

C'était une fort jolie personne de 19 ans qui prenait les eaux avec sa tante, ainsi qu'elle me le dit plus tard. Après s'être assise à la place que ces messieurs lui avaient obligeamment cédée, elle les en remercia gracieusement et la conversation reprit son cours. Nous parlions de nos voyages. La connaissance se fait vite en voiture entre les personnes du même compartiment; aussi notre nouvelle compagne de route ne tarda pas à prendre part à nos causeries en nous disant qu'elle avait aussi beaucoup voyagé. Je pensais que les voyages dont elle nous voulait parler devaient se borner tout simplement à quelques excursions dans les départements de l'Ariège, de l'Aude ou de l'Hérault, et voici le colloque qui s'engagea entre elle et moi à ce sujet :

— Auriez-vous, Mademoiselle, la bonté de nous
dire quels sont les voyages que vous avez déjà faits
à votre âge ?

— Oh ! bien volontiers, Monsieur; j'arrive d'Afrique
où j'ai passé six mois.

— Et moi aussi, Mademoiselle, j'arrive d'Afrique
dans ce moment-ci; y aurait-il de l'indiscrétion de
ma part à vous demander qu'elle est la province que
vous avez visitée ?

— La province d'Oran.

— La province d'Oran ! Je l'ai aussi visitée. Permettez-moi alors, je vous prie, de vous demander
encore qu'elle est la ville que vous habitiez ?

— Mascara, où ma sœur est mariée.

— Comment Mascara ! Mais, moi-même j'en arrive
également. J'y ai passé trois semaines et j'y étais
encore il y a vingt-cinq jours. Puisque vous y avez
passé six mois, vous connaissez sans doute Mme D....
et Mme L.... ?

— Certainement je les connais : les femmes du
général et de l'intendant. Ce sont les deux plus jolies
dames de la ville. Vous les connaissez aussi ?

— Beaucoup. L'une des deux, Mme L..., est ma
nièce.

— Eh bien ! c'est une jeune et jolie dame.

— Si j'avais pu prévoir que j'aurais le plaisir de
voyager aujourd'hui avec vous, je me serais empressé
de prendre les commissions de Madame votre sœur.

— Oh ! vous ne la connaissez pas. Elle n'est pas de
votre condition.

Ici notre conversation fut interrompue. La diligence s'arrêta à côté d'une calèche à deux chevaux venant de Perpignan. C'était celle de M. F...., directeur des messageries générales du midi qui, prévenu de l'arrivée de M. de Lesseps, venait à sa rencontre.

Ces Messieurs prirent congé de nous et descendirent; mais avant de monter dans la calèche qui les attendait, ils me prièrent, en arrivant à Grenoble, de faire leurs compliments et de donner de leurs nouvelles à M. de G..., leur parent, commission dont je n'ai pu m'acquitter, attendu qu'il était absent.

Quand ils furent partis, je quittai la place de rebours que j'occupais depuis Arenys, entre deux vieux époux espagnols, de Santander, qui ne comprenaient et ne parlaient pas un seul mot de français.

Je fus me placer à côté de notre brune et gracieuse roussillonnaise et nous reprîmes notre conversation. Elle m'apprit qu'elle allait bientôt se marier avec un de ses cousins qui l'aimait beaucoup, mais qui commençait déjà à faire un peu le maître. Elle ajouta qu'elle avait le goût des voyages et qu'il ne voulait pas lui promettre de lui en faire faire un après leur mariage. Je lui demandai ce que faisait son futur.

Oh! me dit-elle, vous le connaissez sans vous en douter.

— Comment je le connais!

— Oui, vous le connaissez! Vous l'avez vu ce matin et vous avez eu affaire avec lui à Perthus.

— Ah! il est donc dans les douanes?

— Oui, et au moment d'avancer en grade, après quoi nous nous marierons.

Tout en recevant les confidences de ma jolie voisine, pendant que les deux vieux époux, qui n'y
comprenaient absolument rien, sommeillaient chacun
dans leur coin, nous approchions de PERPIGNAN,
dont, depuis quelque temps déjà, nous apercevions
la citadelle. Demi-heure après, nous étions sous les
remparts, et, laissant à droite la porte Saint-Martin
pour aller faire le tour par celle du Castillet, nous
entrions dans la ville à une heure après-midi.

Arrivés dans la cour des messageries, ma compagne de voyage me présenta à sa tante; je pris congé
de ces dames et je fus loger à l'hôtel de l'Europe qui
est situé quelques pas plus loin, dans la même rue.

Après m'y être installé, je me rendis chez un de
mes amis, M. R..., payeur du département. Il était,
quand j'entrai dans son bureau, occupé avec ses
employés. Dès qu'il m'apperçut, il vint m'embrasser en me témoignant combien il était agréablement
surpris de me voir et me conduisit immédiatement
chez Madame. J'ai reçu de leur part et de celle de
leur jeune famille, l'accueil le plus cordial, dont je
garderai le souvenir.

Mardi 26.

J'ai fait pendant la matinée quelques courses et
quelques emplettes avec M. R.... Puis, après avoir
fait chez lui un aussi confortable qu'excellent déjeû-

ner et pris congé de Madame, il m'a fait l'amitié de m'accompagner jusqu'à la gare du chemin de fer.

A trois heures, je montais en wagon et partais pour Grenoble, en passant par NARBONNE, BÉZIERS, CETTE, MONTPELLIER, NIMES, BEAUCAIRE, TARASCON, AVIGNON, ORANGE, MONTÉLIMAR, VALENCE et SAINT-RAMBERT.

Mercredi 27.

Je suis arrivé à VALENCE, vers une heure après-midi et j'ai eu le plaisir d'y trouver et d'embrasser mon fils aîné, contrôleur des contributions directes, ainsi que quelques amis.

Jeudi 28.

Je l'ai passé à Valence avec mon fils.

Vendredi 29.

J'ai continué ma route pour Grenoble par le train du chemin de fer qui part à sept heures et demie du matin.

Mon fils m'a accompagné jusqu'à Saint-Vallier, où ses occupations l'appelaient et où nous nous sommes séparés.

A une heure après-midi, j'étais à GRENOBLE, auprès de mon frère le chanoine, qui m'a fait la réception la plus cordiale, l'accueil le plus amical.

Samedi 30.

Je suis parti à deux heures du soir pour Vif, chef-lieu de canton, où je suis allé passer deux jours au sein de la famille de mon second frère. Comme à Grenoble, j'ai été bien fraternellement et bien affectueusement reçu de lui, de ma belle-sœur, de mes deux nièces et de ma sœur cadète. Ils m'ont tous beaucoup questionné sur mon voyage, pendant mon séjour au milieu d'eux.

Dimanche 31.

A Vif.

~~~~~~~~~~~~

NOVEMBRE 1858.

Lundi 1er.

A Vif.

Mardi 2.

Je suis retourné à Grenoble auprès de mon frère. Je lui ai consacré, ainsi qu'à mes amis, le reste de la journée et les trois jours suivants.

Samedi 6.

Accompagné de mon fils qui était venu me joindre, je suis parti pour Gap à midi et demi, en passant par Vif où j'ai encore eu le plaisir d'embrasser ma famille.

Dimanche 7.

Je suis arrivé chez moi, vers six heures du matin, deux mois et cinq jours après en être parti.

Ainsi s'est terminé ce long et intéressant voyage, pendant lequel j'ai fait un trajet d'environ douze cents lieues, tant sur mer que sur terre et sur un grand fleuve.

Mon premier besoin, ma première pensée en touchant mon seuil, ont été d'offrir à Dieu l'expression de ma profonde et bien vive reconnaissance. Je le devais; car, dans un si long voyage que j'ai entrepris et exécuté tout seul, presque toujours dans des contrées et sur des plages lointaines où je ne connaissais absolument personne et dont j'ignorais les différentes langues, il a bien voulu veiller sur moi et me préserver toujours du plus petit accident de la plus légère indisposition.

www.ingramcontent.com/pod-product-compliance
Lightning Source LLC
Chambersburg PA
CBHW072040090426

42733CB00032B/2040